JOSÉ HERRERA PEÑA

I0471618

ÍNDEX ?

DISPOSICIONES JURÍDICAS
EXPEDIDAS POR LOS ÓRGANOS LEGISLATIVOS DEL
ESTADO DE MICHOACÁN DE OCAMPO

1824-2010

Tesoros Bibliográficos de Morelia
Morelia, 2017

Índex
Disposiciones jurídicas de Michoacán de Ocampo 1924-2010

Primera Edición: 2017

ISBN-13: 978-1546647195
ISBM-10: 1546647198

Palacio de la Intendencia de Valladolid.
Actualmente, Palacio del Ayuntamiento de Morelia, Michoacán.

Bando en bronce sobre Abolición de la Esclavitud.
Firmado por José María Anzorena, Intendente de Valladolid, por
instrucciones del Capitán General Miguel Hidalgo y Costilla.
19 de octubre de 1810

I
INDIZACIÓN, RECOPILACIÓN Y FUENTES CONSULTADAS

II

Marco jurídico inicial, Antecedentes legislativos y etapas históricas

I

INDIZACIÓN, RECOPILACIÓN Y FUENTES CONSULTADAS

1) Indexación e indización

Al iniciarse 2010 se formó bajo mi dirección un equipo de investigación que elaboró la obra titulada *Índex*, que indiza o indexa las disposiciones jurídicas que han sido promulgadas en el Estado de Michoacán de Ocampo de 1824 a 2010, no sólo por el Congreso del Estado sino también por otros órganos legislativos, entre ellos, el Gobernador del Estado en uso de facultades extraordinarias.

En el origen de la palabra *índice* están las palabras *indicare*, que significa indicar, e *índex*, que alude a cualquier indicador, en especial, al dedo de la mano que se usa para señalar algo.

Este doble significado pasó al castellano, en donde *índice* se encuentra desde el siglo XVII con el doble significado que hoy conserva: a) dedo, "el segundo de la mano", como dice la Academia, y b) tabla de contenidos de un libro. No es extraño que el índice de un libro suela recorrerse con el índice de la mano.

Algunos de los indicadores derivados de la palabra *indicar* son *indexar* e *indizar*, términos que, según el *Diccionario de la Real Academia Española*, significan hacer un índice o registrar ordenadamente datos e informaciones para elaborar un índice.

Aunque ambos términos son sinónimos, se ha

dado a *indexar* el significado de elaborar la lista de los capítulos o de los temas de un libro, y a *indizar*, entre otras cosas, el de crear una base de datos, o bien, el de dejar sentadas las bases para rescatar el contenido de lo indexado.

En el *Diccionario* especializado de Martínez de Souza se incluyen tres acepciones del vocablo *indizar*: a) acción y efecto de indizar; b) confección de índices, y c) extracción de conceptos del texto de un documento para expresarlos con la ayuda de un lenguaje como palabras clave, descriptores o índices de una clasificación.[1] Esta tercera connotación, también llamada *indización temática*, es la que se utiliza en la obra titulada *Índex*.

La *Enciclopedia Parlamentaria de México*, por su parte, señala que "indizar es registrar ordenadamente datos o informaciones para elaborar su índice, con vistas a una posterior búsqueda y recuperación de la información", o "una operación dirigida a representar, por medio de un lenguaje documental o natural, los datos resultantes del contenido intelectual del documento".[2]

---

[1] Naumis Peña, Catalina, *Indización y clasificación: un problema conceptual y terminológico*, México, Centro Universitario de Investigaciones Bibliotecológicas, UNAM, 2003, pp. 23-40.
http://revistas.ucm.es/inf/02104210/articulos/DCIN030311002

[2] *Enciclopedia Parlamentaria de México*. Indización de los temas contenidos en esta obra. Serie V: los grandes temas de la Nación, Cámara de Diputados, LX Legislatura, Centro de Documentación, Información y Análisis, Dirección de servicios de investigación y análisis, Subdirección de referencia especializada, 2007, http://www.diputados.gob.mx/cedia/sia/re/RE-ISS-07-06-

Aunque los métodos para buscar, recoger, recuperar, almacenar y clasificar la información han existido desde que existen los documentos escritos, y con precisión científica, desde Aristóteles (siglo IV A. C.), en la década de los 70' del siglo XX surgió un concepto nuevo en Estados Unidos, el de *Ciencia de la Información*, que considera a la documentación como una "ciencia que investiga las propiedades, comportamientos y medios de procesar la información, a fin de hacerla accesible, hasta donde sea posible", y que comprende la producción, recolección, organización, elaboración y uso de la información.

Los métodos de la *Ciencia de la Información* están actualmente regulados, entre otras cosas, por normas estandarizadas, por ejemplo, la norma ISO 5963:1985, "Methods for examining documents, determining their subjects, and selecting indexing terms", en español, "Métodos para examinar documentos, determinar sus materias y seleccionar términos de indización". En este orden de ideas, la *indización* es la organización del conocimiento sobre un tema dado, con un fin práctico, el de utilizarla. Para ello es necesario, en primer lugar, buscar toda la información documental referente al tema, y en segundo, utilizar dicha información para recuperar su contenido.

El *Índex* elaborado por mi equipo de investigación fue el resultado de la búsqueda de la información documental al respecto, que recopila todas las

---

05.pdf, consultado el 1º de diciembre de 2010. Dicha obra señala que este concepto se tomó de la tesis doctoral *Hipertexto, el nuevo concepto de documento en la cultura de la imagen*, de Lamarca Lapuente, María de Jesús, Universidad Complutense de Madrid http://www.hipertexto.info/

disposiciones jurídicas expedidas por los órganos legislativos de Michoacán de Ocampo, producidas durante los siglos XIX, XX y XXI, y las deja indexadas e indizadas para fines útiles de recuperación. Indexadas, porque las deja registradas ordenadamente en dos grandes índices, uno cronológico y el otro temático, e indizadas, porque las deja no sólo como una *imagen intelectual* de su contenido, sino también como una base de datos utilizable para rescatar de varios modos la materia de lo indexado.

Luego entonces, además de su valor intrínseco como *Índex*, esta obra es de obligada referencia, necesaria consulta y consiguiente utilidad práctica para los diputados y secretarios técnicos de las comisiones legislativas del Congreso del Estado de Michoacán de Ocampo, sus equipos de asesores e integrantes de los distintos órganos administrativos de apoyo, archivo e investigación; los estudiosos e investigadores de los otros Poderes del Estado, de Universidades e Institutos de Educación Superior, de órganos desconcentrados del Gobierno Federal radicados en Michoacán, del público en general, y a través de la red, de investigadores y analistas del Estado, de la República Mexicana y del mundo entero.

2) Recopilación de disposiciones jurídicas

Recopilar, entre otras cosas, es juntar, compendiar, recoger varias cosas o unir diversos escritos. En este caso, recopilar las disposiciones jurídicas de Michoacán es reunirlas en forma organizada, ordenarlas cronológicamente y agruparlas por materia.

Una de las recopilaciones de textos jurídicos más

celebres es el *Digesto* del emperador Justiniano (533 D. C.), obra llamada también *Pandectas*, que constitu-ye la obra cumbre de una serie de recopilaciones que le precedieron. Esta recopilación de Justiniano fue hecha por una comisión de juristas, a la que se encar-gó estudiar, seleccionar y ordenar las sentencias de los tribunales y las opiniones de los jurisconsultos, con instrucciones de retocar los textos, en lo que fue-ra necesario, para que guardaran coherencia lógica entre sí. *Digesto* es una voz latina que significa orde-nar lo disperso y distribuirlo metódica y sistemáti-camente, y *Pandectas*, una voz griega que además de lo anterior, significa igualmente que lo comprende todo, sin que falte nada. Llamada de uno u otro mo-do, *Digesto* o *Pandectas*, la obra de Justiniano expresa el mismo propósito de concentrar todas las disposi-ciones jurídicas dispersas de todas las épocas y de todas las materias, en un solo cuerpo de leyes.[3]

En España hubo varias recopilaciones de textos jurídicos, entre las cuales las más importantes y fa-mosas son las *Siete Partidas* (1256-1265) de Alfonso El Sabio; la *Recopilación de las Leyes de Castilla* (1569) de los reyes Fernando e Isabel, publicada por Felipe II; la *Nueva Recopilación de las leyes de Castilla* (1775), que no es sino la novena edición de la recopilación ante-rior, complementada con los *Autos Acordados*; la *No-vísima Recopilación de las Leyes de España* (1805) de Carlos IV, y en el mundo indo-hispánico, la *Recopila-*

---

[3] También se considera que la labor recopiladora de Justiniano comprende el *Corpus Iuris Civilis*, integrado por el *Código* o *Co-dex*, el *Digesto* o *Pandectas*, las *Instituciones* o *Instituta*, y las *Novelas* o *Novelae*; de las cuales las tres primeras constituyen el núcleo de la compilación propiamente dicha, y la última, su ac-tualización.

ción de las Leyes de los Reinos de Indias (1680), elaborada por el peruano Antonio Rodríguez de León Pinelo y revisada por Juan de Solórzano Pereira.

En México ha habido asimismo varias recopilaciones de leyes. En 1857, Antonio Florentino Mercado cita *El Observador Judicial y de Legislación*, periódico oficial que contiene todas las leyes y decretos producidos por los tres órganos políticos de la Federación - o del Gobierno central, en su caso-, hasta esa fecha, y *Legislación Mexicana*, colección completa de las Leyes, Decretos y Circulares expedidas desde la consumación de la Independencia a 1857.[4] Sin embargo, al final del siglo XIX, se impuso la *Legislación mexicana o colección completa de las disposiciones legislativas expedidas desde la independencia de la República*, ordenada por los Licenciados Manuel Dublán y José María Lozano, aplicable en su mayor parte al Distrito Federal y Territorios de la Federación, aunque también a toda la República en materia federal.[5]

Y en Michoacán se cuenta con algunas obras recopiladoras, como se verá más adelante, publicadas por disposición de las primeras Legislaturas Constitucionales. Al ser suprimidas éstas, dejaron de publicarse, y aunque años después fueron restablecidas, ya no se reinició esta práctica, hasta que en 1883 el Gobernador Aristeo Mercado ordenó que se hiciera

---

[4] Mercado, Antonio Florentino, *Libro de los Códigos, o Prenociones sintéticas de codificación romana, canónica, española y mexicana*, México, Impr. V. G. Torres, 1857.

[5] Dublán, Manuel y Lozano, José María, *Legislación Mexicana o colección completa de las disposiciones legislativas expedidas desde la independencia de la República*, México, imprenta del comercio a cargo de Dublán y Lozano hijos, 1878.

---

la célebre *Recopilación de leyes, decretos, reglamentos y circulares expedidas en el Estado de Michoacán*, compilada y anotada por el Licenciado Amador Coromina

3) Indexación de disposiciones jurídicas

El equipo de investigación al que se hizo referencia no recopiló las disposiciones jurídicas de Michoacán –cuyo texto abarcaría conservadoramente más de ciento cincuenta tomos- sino únicamente las indexó, desde el punto de vista cronológico y temático.

El índice cronológico del *Índex* comprende dos tomos: a) de 1824 a 1917, y b) de 1917 a 2010, en los cuales se incluyen las disposiciones jurídicas según la fecha en que aparecieron y conforme al número de la Legislatura u órgano legislativo que las produjo.

De este modo, el primer tomo se inicia con el Congreso Constituyente de Michoacán de 1824 y concluye con el cierre de la XXXV Legislatura Constitucional en 1914 y los Gobiernos Revolucionarios *de facto* de 1915 a 1917, incluyendo en la primera época las Juntas Departamentales, Asambleas Departamentales y demás órganos del Estado que ejercieron, *de facto* o *de iure,* atribuciones legislativas.

El segundo tomo se inicia con la XXXVI Legislatura Constitucional de 1917, que fue ordinaria y constituyente a la vez, y concluye con la LXXI en 2010, aunque esta última cierre sus trabajos hasta los primeros días de 2012.

El *Índex* temático, por su parte, también comprende dos tomos, siendo unos las materias que se presentaron de 1824 a 1917 y otras las que surgieron de 1917 a 2010.

Las fuentes consultadas para elaborar los cuatro tomos son múltiples y se hablará de ellas más adelante. El equipo que empezó a recopilarlas se formó desde 2007 y lo integraron cuatro egresados de la Facultad de Derecho y Ciencias Sociales de la Universidad Michoacana de San Nicolás de Hidalgo, bajo la coordinación del autor de este Preámbulo, todos Estudiantes de Maestría en diversos centros: dos de la División de Estudios de Posgrado de la Facultad de Derecho y Ciencias Sociales; uno del Instituto de Investigaciones Históricas, y el último, de ambas dependencias.

Dicho equipo ganó un concurso del COECyT (Consejo Estatal de Ciencia y Tecnología del Gobierno de Michoacán) para hacer una investigación sobre las *Constituciones Políticas de Michoacán en el siglo XIX*, coordinado por el autor de estas páginas, y del 12 al 15 de noviembre de ese año, organizó y participó en el *Primer Coloquio sobre las Constituciones Políticas de Michoacán*, en la Facultad de Derecho y Ciencias Sociales de la UMSNH.

De ese equipo original, dos forman parte del equipo de investigación que colaboró en este trabajo: el Doctor en Derecho y Maestro en Historia Francisco Ramos Quiroz, y el Maestrante en Derecho y Maestro en Historia Jesús Arroyo Cruz, asistido éste por la Estudiante de las Licenciaturas en Derecho y en Filosofía Darina García Toledo .

Las relaciones cronológica y temática de las disposiciones jurídicas que se expidieron de 1824 a 1917 se basó en la indexación de Amador Coromina, en la de sus seguidores así como en diversos periódicos oficiales y semioficiales de Michoacán; la de 1917 a 2010, en el *Periódico Oficial del Gobierno del Estado de Michoacán de Ocampo.*[6]

El cuerpo de investigadores que elaboró la obra estuvo integrado por Francisco Ramos Quiroz, Jesús Arroyo Cruz y Darina García Toledo, ya citados, así como por la Maestrante en Derecho Blanca Estela Acevedo Santiago, la Doctora en Derecho Verónica Silsa Rangel Vargas, y el Maestrante en Derecho Octavio Díaz-Barriga Arreola.

El equipo inició sus labores en mayo de 2010 y se reunió puntualmente los viernes de cada semana, de las 11:00 a las 15:00 horas -sin interrupción- para revisar colectivamente los avances de cada tema, resolver cuestiones, aclarar dudas y dar unidad a la obra.

Se acordó dar continuidad a los dos volúmenes del *índice cronológico* con un *índice temático*, formado por otros dos. El cronológico clasifica las disposiciones jurídicas de Michoacán por periodos históricos, y cada periodo, por día, mes y año, mientras que el índice temático las clasifica por materias, y cada materia, por subtemas.

Valga, a manera de ejemplo, la clasificación que se hizo del primer tomo temático sobre el siglo XIX y

---

[6] También se recibieron aportaciones del Maestrante en Derecho Juan Pedro Gómez Arreola y del licenciado en Derecho Ignacio Herrera Vega, a quienes se agradece su esporádica -aunque no por ello menos importante- participación.

los primeros quince años del XX. Los temas fueron los siguientes:

- **Asuntos Constitucionales**. Responsable: Francisco Ramos Quiroz. Control Constitucional, aclaraciones, modificaciones, planes políticos.

- **Poder Legislativo.** Responsable: Octavio Díaz Barriga Arreola. Gobierno interior del Congreso [administración, guardia militar, gran jurado, comisiones, apertura y clausura de sesiones, dieta y viáticos de los diputados, aclaraciones al reglamento]; gobierno interior de la Asamblea Departamental; premios y honores [benemérito, servicios prestados, ciudadano michoacano, honores fúnebres, monumentos públicos *in memoriam*, pueblos con nombres de personajes históricos].

- **Poder Ejecutivo**. Responsables: A) Verónica Silsa Rangel Vargas y B) Octavio Díaz Barriga.

A) Rangel Vargas: facultades y atribuciones del Gobernador, facultades extraordinarias, despacho del Gobernador, elección del Gobernador, Prefectos y Subprefectos, renuncia del Gobernador, suspensión del nombramiento de Gobernador, Vicegobernador, licencias del Gobernador, sueldos.

B) Díaz Barriga: Consejo de Gobierno, fuerzas de seguridad, situaciones de conflicto [interno e intervenciones del exterior].

- **Poder Judicial**. Responsable: Verónica Silsa Rangel Vargas. Atribuciones, funcionarios, organización, sueldos de los funcionarios.

- **Derechos Fundamentales**. Responsable: Octavio Díaz Barriga Arreola. Libertad, igualdad, propiedad, seguridad.

- **Asuntos Electorales**. Responsable: Darina García Toledo. Leyes para elegir diputados locales [modificaciones, aclaraciones, reformas, adiciones], reglamentos, convocatorias a elecciones ordinarias y extraordinarias [diputados al congreso local, gobernador y vicegobernador, consejeros, ayuntamientos, alcaldes, diputados al congreso general], nulidad de convocatorias y nulidad de elecciones.

- **Asuntos Hacendarios**. Responsable: Blanca Estela Acevedo Santiago. Ingresos y egresos. A) Ingresos: impuestos, contribuciones, recaudaciones, alcabalas, aranceles, préstamos, aduana, créditos, Registro Público de la Propiedad. B) Egresos: primera caja [pensiones, gastos comunes], segunda caja [instrucción pública, establecimientos de beneficencia, apertura y mejora de caminos, fomento a la industria], tercera caja [pago de la deuda del Estado], cuarta caja [milicia, calamidades públicas]. Administración: oficinas de Hacienda, Tesorería, Glosa. Otros: papel sellado, monedas, bancos.

- **Instrucción Pública**. Responsable: Jesús Arroyo Cruz. Planes de estudio [instrucción primaria, medicina], Escuelas de Primeras Letras [educación para párvulos, academia de niñas, enseñanza del sistema métrico decimal], Escuelas Normales, Colegio Civil, Escuela de Artes y Correccional de Morelia, Colegio de San Nicolás de Hidalgo [instrucción secundaria, Bachillerato en Filosofía y Jurisprudencia, estudios de Jurisprudencia], Estudios de Medicina [combate a epidemias, sueldos de profesores, reglamento], Administración [junta inspectora, procurador, visitador general, directores, procuraduría de los fondos de beneficencia e instrucción pública, tesorería especial de los fondos de instrucción secundaria], títulos académicos [bachiller, abogado, médico, escribano, partera], gracias y mercedes [dispensa de edad, dispensa teórica, habilitación de edad, becas], apoyos extraordinarios [impuestos adicionales, descuentos a los empleados públicos, establecimiento de la lotería].

• **Asuntos Eclesiásticos**. Responsable: Blanca Estela Acevedo Santiago. Capitales, anualidades, piezas, diezmos, préstamos, honores a funcionarios, fiestas religiosas, ejercicio de culto, otros.

• **Asuntos de lo civil y de lo criminal**. Responsable: Blanca Estela Acevedo Santiago. Gracias o mercedes: dispensas teóricas, habilitaciones, rehabilitación y legitimación; Código Civil y Código de Procedimientos Civiles; homicidio, robo [salteadores, plagiarios, ladrones en gavilla], vagancia [ociosos, vagos, mal entretenidos], deserción, sedición y conspiración, indulto, conmutación y/o remisión de la pena, amnistía, Código Penal y Código de Procedimientos Penales.

• **Salud pública**. Responsable: Blanca Estela Acevedo Santiago. Protomedicato, cátedra de Medicina y Escuela de Medicina, hospitales y lazaretos, médicos y parteras, farmacias, droguerías y boticas, pestes, epidemias y vacunas, cementerios, servicio público de sanidad, Consejo Superior de Salubridad, Código Sanitario, disposiciones sanitarias en relación con los animales.

• **Ayuntamientos**. Responsable: Verónica Silsa Rangel Vargas. Organización de los ayuntamientos, elecciones municipales, caminos y división territorial, funcionarios [sueldos], gracias y honores, cargos concejiles; fondos comunes; atribuciones [sanidad municipal, policía municipal], hacienda municipal.

• **Asuntos Indígenas**. Responsable: Verónica Silsa Rangel Vargas. Conflictos, división territorial, fondos comunes, tratamientos y honores, organización, igualdad de los ciudadanos, propiedad, reglamentos.

• **División territorial**. Responsable: Verónica Silsa Rangel Vargas. División judicial, política, minera, rentística, agrícola y electoral.

• **Actividades productivas**. Responsable: Blanca Estela Acevedo Santiago. *Agricultura*: productos [tabaco, maíz, café, algodón, arroz, otros], desecaciones, aguas, bosques, cosecheros y sembradores, Sociedad de Agricultura, juntas de Agricultura, Colegio de Agricultura, impuestos, alcabalas, extracción, otros; *ganadería*: registro de fierros, curtidurías, impuestos, Ley de Ganadería, otros; *minería*: Tribunal de Minería, Escuela de Minería, Diputaciones de Minería, productos [oro, plata bronce, cobre]; impuestos [alcabalas], contratos de explotación; Industria: fábricas, impuestos; *comercio*: productos [expendios de tabaco, estanco de carne, otros], comerciantes [regatones], plazas de comercio, pesas y medidas, consumo a efectos extranjeros, impuestos, préstamos, leyes de comercio, Código de Comercio, otros.

• **Comunicaciones**. Responsable: Verónica Silsa Rangel Vargas. Vías de comunicación acuáticas [ríos, lagos y lagunas], vías de comunicación terrestre [caminos, peajes, puentes, vialidades municipales, tranvías y ferrocarriles] y medios de comunicación [correo, telégrafo, teléfono].

4) Fuentes del Índex

Para consolidar la firmeza de los cuatro tomos del *Índex*, es decir, dos que corresponden a la indización cronológica y dos a la indización temática de las disposiciones jurídicas de Michoacán 1824-2010, se consultaron las obras cuyos títulos aparecen a continuación, según el año en que fueron publicadas, de la más antigua a la más reciente:

• *Decretos del Congreso Constituyente del Estado de Michoacán, desde su instalación en 6 de abril de 1824 hasta el 21 de julio de 1825 en que cesó*, publicados "de orden del Honorable Congreso, Morelia, Imprenta de Galván a cargo de Mariano Arévalo, 1828".

• *Decretos del primer Congreso Constitucional del Estado de Michoacán, desde el 13 de agosto de 1825, hasta el 3 de agosto de 1827*; impresos "de orden del Honorable Congreso, México, Morelia, Imprenta de Galván a cargo de Mariano Arévalo, calle de Cadena núm. 2, 1828".

• *Decretos del segundo Congreso Constitucional del Estado de Michoacán*, editados "por disposición de la Comisión de Policía de la Cuarta Legislatura Constitucional, cumpliendo con lo dispuesto por el Decreto de 17 de Septiembre de 1827. Méjico (sic). Imprenta de Galván a cargo de Mariano Arévalo, Calle de Cadena No. 2, 1831".

• *Decretos del tercer Congreso Constitucional del Estado de Michoacán,* expedidos del 18 de agosto de 1829 hasta el 3 de agosto de 1831, impresos "por disposición del Honorable Congreso, Méjico, Imprenta de Galván a cargo de Mariano Arévalo, Calle de Cadena No. 2, 1832".

• *Decretos del cuarto Congreso Constitucional del Estado de Michoacán,* desde 19 de agosto de 1831, hasta 3 de enero de 1833, publicados "por disposición de la Sexta Legislatura, en cumplimiento de lo dispuesto por Decreto de 17 de septiembre de 1827, Morelia, Imprenta del Ciudadano Juan Evaristo de Oñate, calle de San Agustín núm. 8, 1835".

• *Leyes, reglamentos y circulares expedidas desde 23 de junio de 1859 hasta mayo de 1861, y a cuyas disposiciones deben sujetarse los jueces del Registro Civil del Estado de Michoacán,* colección publicada en la Tipografía de Octaviano Ortiz, Morelia, en 1861.

• *Colección de leyes expedidas por el décimo quinto Congreso Constitucional del Estado de Michoacán de Ocampo,* obra publicada en Morelia, en la Imprenta de O. Ortiz, plazuela de Villalongín número 2, en 1871.

• *Colección de las disposiciones de Interés público relativas a la Ley del Timbre, promulgada en 28 de marzo de 1876, que se han publicado hasta el mes de diciembre de 1878,* recopilada por Manuel Castañeda, y publicada por la Imprenta del Gobierno en Palacio, Morelia, en

1879.

• *Documentos relativos a la concesión del ferrocarril michoacano*, Morelia, publicados en la Imprenta del Gobierno en la Escuela de Artes a cargo de J. R. Bravo, Morelia, en 1886.

• *Recopilación de leyes, decretos, reglamentos y circulares expedidas en el Estado de Michoacán*, formada y anotada por Amador Coromina, publicada en Morelia, Michoacán, en la Imprenta de los hijos de I. Arango, en 1886, continuada por el personal del Archivo Histórico del Poder Ejecutivo, por Manuel Soravilla y por Xavier Tavera Alfaro.

• *Leyes de 15 de diciembre de 1891 y 30 de noviembre de 1889, sobre administración de justicia en lo criminal y libertad bajo caución*, Morelia, publicada por la Imprenta del Gobierno de la Escuela de Artes, Morelia, en 1892

• *Impresos michoacanos*, Morelia, Biblioteca del H. Congreso del Estado, s/e. Se trata de una colección formada por 146 tomos, en los que se encuentran documentos jurídicos, políticos e incluso literarios, del periodo de 1828 a 1966. El equipo de investigación del Congreso del Estado de Michoacán de Ocampo, bajo la coordinación del autor de estas líneas, ha localizado 147 disposiciones jurídicas en esta colección, unas agrupadas y otras aisladas.

• *Michoacán y su aportación a la historiografía jurídica nacional 1962-1968*, obra publicada por el Gobernador Agustín Arriaga Rivera, Morelia, en 1968.

• *Michoacán y sus Constituciones,* con una nota preliminar de Felipe Tena Ramírez, obra publicada en el Distrito Federal por el Gobierno de Michoacán en 1968.

• *La actividad legislativa en Michoacán (leyes y decretos comentados de 1968 a 1974),* de Raymundo Herrera Sánchez, obra publicada en Morelia, Michoacán, por la Linotipográfica Omega, en 1978.

• *Constitución Política del Estado de Michoacán de Ocampo comentada,* obra de un distinguido equipo de juristas, publicada en Morelia por el Congreso del Estado de Michoacán, LXIV Legislatura, en 1989.

• COMPILAMICH. *Compila Michoacán, Legislación del Estado,* obra publicada por la Suprema Corte de Justicia de la Nación, Centro de Documentación y Análisis, y por la LXVII Legislatura del H. Congreso del Estado de Michoacán, e impresa en disco compacto en 1997.

• *Compilación de la legislación electoral michoacana 1824-1996,* cuya investigadora responsable fue Arlette Marín García, con una introducción del Licenciado Adolfo Mejía González, libro publicado por el Tribunal Electoral del Estado de Michoacán, en 1997. Hay una 2ª edición corregida, aumentada y actualizada, publicada en 2003.

• *Leyes orgánicas de la Universidad Michoacana de San Nicolás de Hidalgo. Recopilación, textos introductorios y presentación de Ángel Gutiérrez,* publicadas por la Universidad Michoacana de San Nicolás de Hidalgo en 2001.

• *Compendio de reformas y leyes aprobadas por el Congreso del Estado de Michoacán de Ocampo*, libro publicado por LXIX Legislatura del Estado de Michoacán, Morelia, sin fecha de edición (¿2005?).

• *Índices del Periódico Oficial del Estado* (grabados en EXCEL) 1928-2005.

• *Recopilación de leyes, reglamentos, acuerdos administrativos 2002-2008*, obra publicada en Morelia por el Gobierno del Estado de Michoacán en 2008.

• *Índices del Periódico Oficial del Estado* (grabados en EXCEL) 2006-2010.

• *Catálogo Electrónico de Legislación del Estado de Michoacán*, **http://celem.michoacan.gob.mx/main.jsp?p_height= 768** [7]

5) Decretos del Congreso Constituyente 1824-1825

Los decretos que promulgó el Congreso Constituyente de 1824-25 fueron compilados en 1828 bajo el título *Decretos del Congreso Constituyente del Estado de Michoacán, desde su instalación en 6 de abril de 1824, hasta 21 de julio de 1825 en que cesó.*[8]

---

[7] También se pretendió consultar la *Colección de leyes y reglamentos en materia de instrucción pública vigentes en el estado de Michoacán: año de 1915*; pero a pesar de que esta obra aparece en el catálogo de la Biblioteca Pública de la Universidad Michoacana de San Nicolás de Hidalgo, y de que se solicitó varias veces, no fue localizada por el personal encargado.

[8] *Decretos del Congreso Constituyente del Estado de Michoacán, desde su instalación en 6 de abril de 1824, hasta 21 de julio*

La obra no cuenta con índice cronológico, sino sólo alfabético, el cual contiene las siguientes categorías de búsqueda: autoridades, audiencia, abogados, ayuntamientos, alcabalas, congreso, corporaciones, constitución, cívicos, convocatoria, contingente de hombres, dietas y viáticos, derecho de consumo, departamentos y partidos en que provisionalmente se divide el estado, diputados, empleos, fiestas nacionales, gobernador, honores, hacienda pública, indígenas, jueces, letrados, monedas, magistrados, pulpería, --prefecturas, papel sellado, prefectos, reglamentos, responsabilidad, rentas, solicitudes, sueldos, subprefectos, tratamientos, teniente de gobernador y viáticos.

Dice Ramos Quiroz que la obra corrige errores de publicaciones anteriores, como lo señala la siguiente nota:

La numeración que tienen los decretos de que habla este tomo, se halla equivoca, cuyo defecto queda subsanado en la presente colección: por consiguiente para buscarlos en ella cuando se citen, no se atenderá precisamente al orden numérico, sino al de la fecha bajo la cual aparecerán sin equívoco alguno.

6) Decretos de las Legislaturas Constitucionales 1825-1833

Hay un tomo bajo el título *Decretos de Michoacán*, con *ex libris* de José María Ortiz Izquierdo, rotulado "Honorable Congreso, Morelia", y encuadernado por la imprenta de Galván, 1828, que además de los de-

---

de 1825 en que cesó, México, Imprenta de Galván a cargo de Mariano Arévalo, calle de Cadena núm. 2, 1828.

cretos del Constituyente citados en el apartado 5) que antecede, agrupa otras dos obras originalmente separadas:[9]

1. *Decretos del Primer Congreso Constitucional del Estado de Michoacán, desde el 13 de agosto de 1825, hasta 3 de agosto de 1827.* Esta compilación también tiene un índice alfabético, pero no cronológico.

2. *Decretos del Segundo Congreso Constitucional del Estado de Michoacán, desde el 22 de agosto de 1827 hasta el 27 de julio de 1829.* Esta otra compilación, a diferencia de la anterior, que reúne los decretos del Constituyente y de la Primera Legislatura Constitucional, no indica el periodo de su duración. Los decretos fueron impresos en 1831 "por disposición de la Comisión de Policía de la Cuarta Legislatura Constitucional, cumpliendo con lo dispuesto por el decreto de 17 de septiembre de 1827", y además del alfabético, la colección cuenta con un índice cronológico, dividido por meses.

Otro grueso tomo titulado *Decretos del Congreso del Estado de Michoacán*, con *ex libris* de Miguel Mora Álvarez, encuadernado por la imprenta de Galván, 1828, además de los decretos del Constituyente y de las dos Legislaturas antes citadas, agrupa los de las dos siguientes.

---

[9] José María Ortiz Izquierdo fue nombrado Ministro del Supremo Tribunal de Justicia el 16 de abril de 1831, según el decreto número 89 del Congreso (disposición número 327 este *Index*). Su nombramiento fue revalidado por decreto número 3 de 30 de marzo de 1833 (disposición número 425)

1. *Decretos del Tercer Congreso Constitucional del Estado de Michoacán, expedidos en 18 de agosto de 1829 hasta 3 de agosto de 1831.* Estos decretos se imprimieron en 1832, no por disposición de una comisión legislativa, sino "de orden del mismo Honorable Congreso", y aunque el "tercer congreso" es posterior al "segundo", los decretos de aquél se publicaron antes que los de éste. También cuenta con un índice cronológico dividido por meses.

2. *Decretos del Cuarto Congreso Constitucional del Estado de Michoacán, desde 19 de agosto de 1831, hasta 3 de enero de 1833.* A diferencia de las compilaciones anteriores, que fueron publicadas en la imprenta de Mariano Galván, ésta lo fue en 1835 en la del ciudadano Juan Evaristo de Oñate, calle de San Agustín núm. 8, en Morelia. En su portada aparece la siguiente leyenda: "Se imprimen por disposición de la Sexta Legislatura, en cumplimiento de lo dispuesto por decreto de 17 de septiembre de 1827". No incluye índice cronológico sino sólo alfabético. Esta recopilación será la última publicada en la primera mitad del siglo XIX, porque la primera Junta Departamental no dispondrá que se publiquen los decretos de las Quinta y Sexta Legislaturas Constitucionales, últimas de esta etapa histórica.[10]

---

[10] Los dos tomos encuadernados que incluyen los decretos del Constituyente y de las dos primeras Legislaturas Constitucionales, por una parte, y los del Constituyente y las cuatro siguientes Legislaturas, por otra, se encuentran en la Hemeroteca Pública *Mariano de Jesús Torres* de la Universidad Michoacana de San

7) Leyes, reglamentos y circulares en materia de registro civil

Durante el periodo comprendido entre los años 1859 y 1861 se llevaron a cabo importantes cambios en relación con el estado civil de las personas, debido a los decretos emitidos por el Presidente de los Estados Unidos Mexicanos Benito Juárez. En el Estado de Michoacán, el Gobernador Epitacio Huerta tuvo a bien difundirlos entre los habitantes por medio de una colección de decretos que dan a conocer lo dispuesto por el Ejecutivo Federal, en ejercicio de las facultades extraordinarias que le fueran conferidas por el Congreso de la Unión.

De esta suerte, en 1861 se publicó el compendio de *Leyes, reglamentos y circulares expedidas desde 23 de junio de 1859 hasta el 23 de mayo de 1861, y a cuyas disposiciones deben sujetarse los jueces del Registro Civil del Estado de Michoacán*, compendio que se encuentra en la colección "Impresos Michoacanos" de la Biblioteca del Congreso del Estado.[11]

La obra de referencia inicia con un decreto del gobernador Epitacio Huerta, de 20 de septiembre de 1859, que trascribe íntegramente el decreto del Supremo Gobierno Constitucional de la República de 23 de julio del mismo año, que trata sobre el matrimonio civil, en 31 artículos, y que regula el matrimonio como contrato civil; requisitos para llevarlo a cabo, en-

---

Nicolás de Hidalgo.

[11] *Leyes, Reglamentos y Circulares expedidas desde 23 de junio de 1859 hasta mayo de 1861, y a cuyas disposiciones deben sujetarse los jueces del Registro Civil del Estado de Michoacán*, Tipografía de Octaviano Ortiz, Morelia, Michoacán, 1861.

tre ellos, la edad de los contrayentes; impedimentos para celebrarlo, etcétera.

Llama la atención la obligación de dar publicidad al matrimonio antes de contraerlo, por el término de 15 días, a fin de que la persona que tenga un impedimento válido lo haga valer de inmediato, en cuyo caso se debe suspender su celebración. De no resultar impedimento alguno, el encargado del Registro Civil fijará fecha y hora para realizar la ceremonia en la forma prescrita por el decreto. Finalmente se publican las causas por las que puede tramitarse el divorcio. Se dispone que la ley tendrá vigencia en cada lugar, a medida que se establezca la oficina del Registro Civil correspondiente.

Otro decreto del Presidente Juárez, que forma parte de la citada colección, es el fechado el 28 de julio de 1859, que versa sobre el estado civil de la personas. En las Disposiciones Generales se hace referencia a los Jueces del Registro Civil, cuya función es hacer constar el estado civil de las personas. Por otra parte, según el decreto de 20 de septiembre de 1858, los Jueces deben llevar por duplicado tres libros de Registro Civil: uno de actas de nacimiento, adopción, reconocimiento y arrogación; otro de actas de matrimonio (no existe legalmente el divorcio), y el último de actas de fallecimiento. En dicho decreto se señalan los tipos de acta que los nuevos funcionarios deben emitir, así como los elementos que éstas deben contener.

Para dar cumplimiento a lo señalado en los decretos anteriores, el Gobernador Epitacio Huerta expidió el 21 de septiembre de 1859 el Reglamento de las Oficinas del Registro Civil. Entre los puntos principales de este Reglamento figura la designación de los Jueces respectivos por el Gobierno del Estado, a propuesta en terna de los Prefectos. También se señala la residencia de las Oficinas de Registro Civil en el territorio del Estado. Y en la *Parte Penal* se establecen las sanciones por las faltas y delitos cometidos por los Jueces del Registro Civil. Hay otra parte que regula la administración del fondo y pago de empleados, a la cual se incorpora una tabla sobre las tarifas a pagar por los servicios prestados.

Un decreto más, expedido por el Comandante Epitacio Huerta, Gobernador de Michoacán, fechado el 22 de septiembre de 1859, guarda relación con los llamados padrones exactos que deben hacer los Jueces encargados del Registro Civil. Dichos padrones incluyen nombre completo, sexo, lugar de nacimiento, oficio, profesión, giro o industria, modo de vivir, domicilio, si sabe leer, etcétera; se realizan por triplicado y uno se queda en la oficina, otro debe enviarse a la Prefectura y el último al Gobierno del Estado.

El último decreto del Presidente Juárez, de 31 de julio de 1859, declara que cesa en toda la República la intervención del clero en cementerios, campo-santos, panteones y bóvedas o criptas mortuorias, obligación que es transferida a los jueces del Registro Civil. El decreto del Gobernador del Estado, que reproduce lo expuesto por el del Presidente, está fechado el 20 de septiembre de 1859.

8) Colección de leyes expedidas por la XV Legislatura

El ejercicio legislativo de la XV Legislatura Constitucional del Honorable Congreso del Estado de Michoacán de Ocampo coincidió con el periodo del Gobernador Rafael Carrillo y fue reunido en la *Colección de Leyes espedidas (sic) por el Décimo Quinto Congreso Constitucional del Estado de Michoacán de Ocampo*.[12]

Dicha Colección, que se encuentra en el tomo 14 de "Impresos Michoacanos" de la Biblioteca del Congreso del Estado de Michoacán, recomienza la tradición editorial abandonada a partir de la IV Legislatura Constitucional; abarca la obra legislativa generada a partir del 16 de septiembre de 1871, fecha en que la XV Legislatura Constitucional inició su primer periodo ordinario de sesiones, y llega hasta agosto de 1873. Todas sus disposiciones serían incluidas posteriormente en la gran obra recopiladora de Coromina.

La Colección se hizo y difundió a petición de dicho Gobernador del Estado, y la fecha de las disposiciones jurídicas no es la de su aprobación por el Congreso, sino la de su publicación por el Ejecutivo.

El contenido de los 127 decretos que van del 19 de septiembre de 1871 al 25 de agosto de 1873 es muy variado; por ejemplo, el de 20 de diciembre de 1871 modifica la entrada en vigor del Código Civil adop-

---

[12] *Colección de Leyes espedidas* (sic) *por el Décimo Quinto Congreso Constitucional del Estado de Michoacán de Ocampo*, Morelia, Imprenta de O. Ortiz, Plazuela de Villalonjin (sic) núm. 2, 1871.

tado por Michoacán, que había sido aprobado por la ley número 87 de julio del mismo año, y decretos de diversas fechas, que conmutan la pena a varios reos, incluyendo la pena de muerte.

También se reproducen los decretos de apertura y cierre de las sesiones extraordinarias; los presupuestos de egresos aprobados por la Legislatura, los cuales corresponden a los años fiscales que corren de septiembre de 1872 a agosto de 1873, y de septiembre de 1873 a agosto de 1874; los que entonces se llamaban *presupuestos de ingresos*; los decretos que modifican algunos impuestos, y los que establecen nuevos impuestos, aunque en algunos casos se determina la exención de éstos.

Por otra parte, se publica lo relativo a la recaudación e inversión de los fondos de Instrucción Secundaria, así como el Reglamento respectivo. Otro importante decreto es el que se refiere a las bases para mejorar el funcionamiento interno de los reclusorios -en tanto se establece plenamente el sistema penitenciario- y el reglamento respectivo.

En materia electoral, se reproducen las convocatorias para celebrar diversas elecciones, y en la de procedimientos civiles, el decreto de 30 de julio de 1873, en virtud del cual se autoriza al Gobernador para declarar obligatorio, con las reformas que considere pertinentes, el Código de Procedimientos Civiles del Distrito Federal y Territorio de Baja California.

La colección concluye con la declaratoria de los nuevos integrantes propietarios y suplentes a la XVI

Legislatura del Honorable Congreso del Estado de Michoacán de Ocampo.

9) Colección de disposiciones relativas a la Ley del Timbre

El 15 de agosto de 1878, el Administrador Principal del Timbre en Michoacán, Manuel Castañeda, solicitó permiso a la Secretaría de Hacienda y Crédito Público del Gobierno Federal, para publicar las Circulares de interés público que había recibido, relativas a la renta del timbre. El 1° de octubre, por acuerdo del C. Presidente de la República, se le permitió llevar a cabo, a su costa, la publicación de dicho material, bajo el título *Colección de las disposiciones de interés público relativas a la Ley del Timbre, promulgada en 28 de marzo de 1876, que se han publicado hasta el mes de diciembre de 1878*.[13]

Ramos Quiroz señala que esta Colección, también incluida en "Impresos Michoacanos" de la Biblioteca del Congreso del Estado, está integrada por 65 Circulares sobre diversos temas, emitidas en el periodo señalado en el título de la obra, provenientes de la Administración General del Timbre en la Ciudad de México, así como de la Secretaría de Hacienda y Crédito Público; por ejemplo, excepciones en el uso de estampillas en ciertos documentos; forma en que deben cancelarse las estampillas a fin de evitar cualquier infracción, y sanciones a los que incumplan con las obligaciones que establece la ley de la mate-

---

[13] Castañeda, Manuel, *Colección de las disposiciones de Interés público relativas a la Ley del Timbre, promulgada en 28 de marzo de 1876, que se han publicado hasta el mes de diciembre de 1878*, Imprenta del Gobierno en Palacio, Morelia, 1879.

ria.

La estructura de la obra es muy sencilla. Empieza con el oficio mediante el cual su autor solicita autorización para publicar la obra y la respuesta que recayó a dicho oficio; sigue con un prólogo en el que el autor narra brevemente cómo surgió la idea de realizar el proyecto y la motivación que lo impulsó, que sólo fue la intención de brindar un servicio a la sociedad, como lo es reunir en un solo cuerpo las diferentes disposiciones en la materia; incluye un prontuario que reproduce el encabezado de cada circular y se le asigna un número para facilitar su búsqueda; brinda un extracto de cada una de las Circulares, siguiendo el orden establecido en el prontuario; transcribe la "Instrucción sobre la manera de averiguar la multa en que incurre el tenedor de un documento por falta de una parte de las estampillas que éste debe contener", explicada en forma muy llana para calcular la multa mediante la utilización de una fórmula y de un ejemplo; se señalan algunas disposiciones interesantes en la materia, así como las fechas en que comenzó a regir la Ley del Timbre en los diferentes Estados de la Federación, y trascribe íntegramente, al final, el texto completo de las 65 Circulares de que consta la *Colección*, en las cuales se respeta hasta la ortografía, como lo señala el autor en el oficio en que solicitó la autorización para publicar la obra.

10) La Recopilación de Aristeo Mercado: Amador Coromina

La recopilación de disposiciones jurídicas ordenada por el Gobernador Aristeo Mercado marca un antes y un después en esta materia.

Las compilaciones correspondientes al Constituyente y a las cuatro primeras Legislaturas Constitucionales del Estado de Michoacán del primer tercio del siglo XIX, cuya publicación fue interrumpida por el establecimiento del régimen centralista, no continuaron publicándose al restablecerse el sistema federal, sino hasta la llegada de la décima quinta Legislatura Constitucional; pero fue nuevamente interrumpida y no fue sino hasta 1884, en que el Gobernador Aristeo Mercado, al interesarse en reunir en una sola obra toda la legislación de Michoacán, desde sus raíces constituyentes hasta la de sus propios días, encomendó esta tarea al jurista Amador Coromina. Después de él, nadie volvería a emprender una misión de tal naturaleza.

De acuerdo con la reseña bibliográfica de Francisco Ramos Quiroz, el 11 de septiembre de 1884, el Gobernador Aristeo Mercado tuvo a bien conceder permiso al C. Lic. Amador Coromina para publicar la colección de leyes del Estado de 1824 en adelante. Dos años después, en marzo de 1886, Coromina presentó la *Recopilación de leyes, decretos, reglamentos y circulares expedidas en el Estado de Michoacán*.[14] En la introducción de la obra, el autor señala:

> *Ni remotamente creo que mi trabajo será perfecto, pero al menos habré puesto mi escaso contingente a fin de que no vayan a desaparecer los importantes documentos que forman la legislación de Michoacán, y para dar lugar a que personas competentes modifiquen y per-*

---

[14] Coromina, Amador, *Recopilación de leyes, decretos, reglamentos y circulares expedidas en el Estado de Michoacán*, Imprenta de los hijos de I. Arango, Morelia, Michoacán, 1886.

feccionen este ensayo de codificación.

Actualmente, la *Recopilación* de Amador Coromina es un referente obligado en los estudios históricos, jurídicos, políticos, sociológicos y demás, por lo que parece pertinente reproducir su breve biografía, publicada por la revista *Ziranda Uandani*:

> *Uno de los personajes más importantes dentro de la vida histórica del Archivo del Poder Ejecutivo del Estado de Michoacán, ha sido sin duda el C. Amador Coromina, siendo este el primer Director desde su establecimiento, el 1° de enero de 1892, en cumplimiento con la Ley número 18 del 30 de noviembre de 1891 decretada por el C. Gobernador del Estado, Aristeo Mercado.*
>
> *Amador Coromina fue originario de Pátzcuaro y nació en el año de 1843. Sirvió a la Administración Pública de Michoacán desde el año de 1867 hasta el año de 1904 distinguiéndose siempre por su inteligencia y laboriosidad.*
>
> *Dentro de la hoja de servicios del C. Amador Coromina, que resguarda el Archivo Histórico del Poder Ejecutivo, sobresalen los siguientes cargos públicos:*
>
> *-Escribiente 5° de la Secretaría de Gobierno en el año de 1867.*
>
> *-Oficial de acuerdos en 1868;*
>
> *-Oficial 4° de la Secretaría de Gobierno de 1869 a 1883;*
>
> *-Oficial 3° interino de 1873 a 1875*

-Prefecto del Distrito de Zinapécuaro en 1881.

-El 8 de agosto de 1882 es nombrado Prefecto del Distrito de Uruapan con sueldo de mil doce pesos anuales.

-El primero de enero de 1892 es nombrado Director del Archivo General y Público del Estado con el sueldo de mil quinientos pesos anuales.[15]

La obra comprende 50 tomos en total, que abarcan del 6 de abril de 1824 al 22 de agosto de 1930 y en ella figuran, como señala el título de la obra, leyes, decretos, reglamentos y circulares que versan sobre diversos temas, dependiendo de la época de que se trate; por ejemplo, en un inicio se observan documentos relacionados con los primeros años de vida de Michoacán como Estado miembro de la Federación, entre ellos, los de la instalación del Congreso Constituyente de 1824; la organización de los Poderes del Estado; los nombramientos de Gobernadores; la formación del Superior Tribunal y del Supremo Tribunal de Justicia; la elección de Diputados al Congreso local; una abundante legislación municipal, y la participación de los michoacanos en los procesos electorales para integrar la Cámara de Diputados del Congreso de la Unión, así como la de las Legislaturas Constitucionales, para elegir Senadores, Presidente de la República, y Presidente y Ministros de la Su-

---

[15] Alfaro Estrada, María Gabriela y Marcos Martínez, Álvaro, "Noticias bibliohemerográficas. Amador Coromina investigador y funcionario público en la administración mercadista", en *Revista Ziranda Uandani, papel que habla*, Archivo Histórico del Poder Ejecutivo, Morelia, Michoacán, número 7, junio-septiembre 1993, pp. 49-56.

prema Corte de Justicia de la Nación.

A medida que pasan los años, surgen documentos que guardan relación con el funcionamiento de los órganos del Estado; por ejemplo, diversos decretos sobre el Poder Judicial que aclaran sus atribuciones así como las responsabilidades de sus miembros. Lo mismo ocurre con el Congreso del Estado, en que aparecen convocatorias para su renovación o se da seguimiento a sus diferentes periodos de sesiones, y se reproducen disposiciones que modifican las dietas y viáticos de los diputados. En la rama ejecutiva se observan varios movimientos, entre ellos, la renovación de los gobernadores a través de elecciones o por otros métodos, si hubo suspensión del proceso electoral o si los titulares pidieron licencia y fueron sustituidos por interinos, y se observa la forma en que se perfila la estructura del Poder Ejecutivo así como todo lo relacionado con la recaudación de impuestos.

Siendo muy amplias las facultades del Congreso, aparecen reglamentos y decretos relacionados con temas muy variados, por ejemplo: instaurar cátedras, autorizar ferias anuales en diversos municipios, cambiar los nombres de estos, aplicar alcabalas, establecer escuelas públicas, modificar la división territorial, habilitar caminos o asignar pensiones y jubilaciones.

Al avanzar el siglo XIX surgen documentos relacionados con la organización militar y específicamente con algunas medidas que se tomaron en momentos en los que se vivieron episodios de guerra, o con la forma en que repercutieron internamente los cambios que modificaron la organización del Estado Mexicano, como el tránsito del régimen federal al centralista, por el cual Michoacán dejó de ser Estado y fue convertido en Departamento; la supresión de las Legislaturas Constitucionales y el establecimiento de las Juntas Departamentales, en el marco de las *Siete Leyes Constitucionales* de 1836, y de las Asambleas Departamentales, conforme a las *Bases Orgánicas* de 1843; el restablecimiento del sistema federal en 1846; la dictadura militar centralista en 1853; la revolución de Ayutla y la recuperación de la soberanía del Estado en 1855; la reanudación constitucional del sistema federal en 1857; la declaración del estado de sitio durante la Guerra de Reforma de 1858 a 1860, y así sucesivamente, hasta llegar al Gobierno de Aristeo Mercado, durante el cual Coromina publica su obra.

Los primeros 36 tomos de la colección fueron formados y anotados por el mismo Amador Coromina (1900-1902), aunque la obra se extendió más allá de la vida del autor, pues se publicaron 6 tomos más bajo la leyenda "formada y anotada en las oficinas del Archivo General y Público" (1902-1914), y el ultimo tomo fue anotado y comentado por Manuel Soravilla, antiguo empleado de Gobierno (1914-15). Posteriormente, la obra fue retomada por Xavier Tavera Alfaro, el cual formó y anotó 7 tomos, el último de los cuales llega hasta el 22 de agosto de 1930; pero ninguno de estos tomos lo hace con el rigor necesario para clasificar su contenido, ni con la calidad editorial de la obra de Coromina y sus seguidores. En todo caso, los 50 tomos de la obra de esta gran colección jurídica están integrados de la siguiente forma:

1. Tomos formados y anotados por el C. Amador Coromina:

- Tomo I del 6 de abril de 1824 al 21 de julio de 1825.

- Tomo II del 13 de agosto de 1825 al 3 de agosto de 1827.

- Tomo III del 22 de agosto de 1827 al 27 de julio de 1829.

- Tomo IV del 18 de agosto de 1829 al 3 de agosto de 1831.

- Tomo V del 19 de agosto de 1831 al 3 de enero de 1833.

- Tomo VI del 5 de enero de 1833 al 20 de noviembre de 1834.

- Tomo VII del 2 de enero al 10 de octubre de 1835.

- Tomo VIII del 30 de diciembre de 1835 al 17 de noviembre de 1846.

- Tomo IX del 24 de noviembre de 1846 al 30 de junio de 1848.

- Tomo X del 3 de julio de 1848 al 26 de diciembre de 1849.

- Tomo XI del 5 de enero de 1850 al 26 de diciembre de 1851.

- Tomo XII del 1º de enero de 1852 al 24 de enero de 1853.

- Tomo XIII del 25 de enero de 1853 al 30 de junio de 1857.

- Tomo XIV del 1º de julio de 1857 al 13 de marzo de 1858.

- Tomo XV del 15 de marzo de 1858 al 27 de abril de 1861.

- Tomo XVI del 1º de mayo de 1861 al 15 de septiembre de 1862.

- Tomo XVII del 18 de septiembre de 1862 al 24 de enero de 1867.
- Tomo XVIII del 18 de febrero al 20 de noviembre de 1867.
- Tomo XIX del 25 de noviembre de 1867 al 2 de octubre de 1868.
- Tomo XX del 18 de septiembre de 1869 al 15 de septiembre de 1871.
- Tomo XXI del 19 de septiembre de 1871 al 25 de agosto de 1873.
- Tomo XXII del 17 de septiembre de 1873 al 13 de septiembre de 1875.
- Tomo XXIII del 17 de septiembre de 1875 al 30 de noviembre de 1876.
- Tomo XXIV del 1º de diciembre de 1876 al 11 de septiembre de 1879.
- Tomo XXV del 16 de septiembre de 1879 al 13 de septiembre de 1881.
- Tomo XXVI del 17 de septiembre de 1881 al 31 de agosto de 1883.
- Tomo XXVII del 16 de septiembre de 1883 al 12 de septiembre de 1885.
- Tomo XXVIII del 30 de septiembre de 1885 al 20 de agosto de 1887.
- Tomo XXIX del 26 de septiembre de 1887 al 26 de agosto de 1889.
- Tomo XXX del 21de septiembre de 1889 al 1º de septiembre de 1890.
- Tomo XXXI del 27 de septiembre de 1890 al 4 de septiembre de 1892.
- Tomo XXXII del 22 de septiembre de 1892 al 31 de agosto de 1894.
- Tomo XXXIII del 16 de septiembre de 1894 al 12 de septiembre de 1896.

- Tomo XXXIV del 1º de octubre de 1896 al 12 de septiembre de 1898.
- Tomo XXXV del 22 de septiembre de 1898 al 14 de septiembre de 1900.
- Tomo XXXVI del 29 de septiembre de 1900 al 30 de agosto de 1902.

2. **Formados y anotados en las oficinas del Archivo General y Público:**

- Tomo XXXVII del 22 de septiembre de 1902 al 10 de agosto de 1904.
- Tomo XXXVIII del 30 de septiembre de 1904 al 5 de septiembre de 1906.
- Tomo XXXIX del 24 de septiembre de 1906 al 26 de agosto de 1908.
- Tomo XL del 25 de septiembre de 1908 al 27 de agosto de 1910.
- Tomo XLI del 17 de octubre de 1910 al 6 de septiembre de 1912.
- Tomo XLII del 18 de septiembre de 1912 al 30 de julio de 1914.

3. **Formado y anotado por el C. Manuel Soravilla:**

- Tomo XLIII del 30 de julio de 1914 al 31 de diciembre de 1915.

4. **Formados y anotados por el C. Xavier Tavera Alfaro:**

- Tomo XLIV del 1º de enero de 1917 al 25 de septiembre de 1918.
- Tomo XLV del 30 de septiembre de 1918 al 9 de septiembre de 1920.

- Tomo XLVI del 16 de septiembre de 1920 al 19 de agosto de 1922.
- Tomo XLVII del 18 de septiembre de 1922 al 14 de septiembre de 1924.
- Tomo XLVIII del 20 de septiembre de 1924 al 30 de junio de 1926.
- Tomo XLIX del 16 de septiembre de 1926 al 11 de septiembre de 1928.
- Tomo L del 16 de septiembre de 1928 al 22 de agosto de 1930.

11) Administración de justicia en lo criminal

El 28 de diciembre de 1891, el Gobernador interino del Estado de Michoacán Aristeo Mercado, mandó imprimir, publicar y circular la Ley de 15 de diciembre del mismo año y la Ley de 30 de noviembre de 1889, promulgados por el Honorable Congreso del Estado, en materia de justicia.[16]

La Ley de 15 de diciembre de 1891 está formada por 18 artículos, que establecen cuestiones muy generales sobre impartición de justicia y funcionamiento de algunos órganos jurisdiccionales.

En lo que se refiere a los horarios que se deben cubrir, el artículo 1° señala que los Jueces de Primera Instancia en materia criminal y aquellos que ejerzan jurisdicción mixta (civil y criminal), deben acudir a su despacho de 9 a 12 de la mañana y de 2 a 4 de la

---

[16] *Leyes de 15 de diciembre de 1891 y 30 de noviembre de 1889, sobre Administración de Justicia en lo Criminal y Libertad bajo Caución*, Imprenta del Gobierno en la Escuela de Artes, Morelia, 1892.

tarde, o de 3 a 5, sin perjuicio de utilizar las demás horas que exija el recargo de negocios o la pronta y oportuna resolución de los negocios.

Según el artículo 2°, los juicios criminales tramitados por los Jueces de Primera Instancia durarán hasta dos meses, y los de los Alcaldes, hasta un mes; plazos que no podrán prorrogarse más que por causa de las dificultades que resulten del proceso, no por recargo del trabajo, salvo en circunstancias excepcionales y a juicio del respectivo superior.

El artículo 3° impone severas sanciones a los infractores. "Las Salas del Supremo Tribunal de Justicia, al revisar los procesos, cuidarán de examinar si los Jueces cumplen con lo que dispone el artículo anterior y corregirán las faltas que notaren, con una multa que no exceda de veinticinco pesos la primera vez, doble la segunda, suspensión de empleo y sueldo hasta por tres meses la tercera, y la cuarta, sujetándolos a formación de causa por desidia habitual, y si resultare ésta comprobada, aplicándoles la pena de destitución de su empleo, e inhabilidad por dos años para ejercer la judicatura".

Los Jueces de Primera Instancia, a su vez, tienen a su cargo vigilar la actividad de los Alcaldes y sus Secretarios, y sancionarlos con penas que van del extrañamiento y la multa que no exceda de 20 pesos, a la separación del empleo e inhabilitación hasta por un año.

Por otra parte, la Ley expedida por el Congreso de la Unión el 30 de noviembre de 1889, que trata sobre la libertad provisional o libertad bajo caución, fue

enviada por el Presidente de la República Gral. Porfirio Díaz al Gobernador del Estado Aristeo Mercado,
y adoptada por el Congreso del Estado de Michoacán
de Ocampo, con algunas modificaciones.

Dicha ley, compuesta por 15 artículos, hace referencia a los Tribunales de la Federación. El artículo 1°
establece: "La restricción de la libertad de las personas procesadas por los Tribunales Federales, puede
modificarse, mediante la libertad provisional, y la libertad bajo caución, en los términos prescritos por el
presente decreto".

En otro orden de ideas, esta Ley señala que los
Jueces no podrán separarse por renuncia, destitución,
licencia, etcétera, sin antes hacer entrega de los asuntos a su cargo, bajo formal inventario, por triplicado,
a su sustituto: un ejemplar al tribunal, otro para el
cesante y uno más para el sustituto. En caso de que
ocurra la separación sin inventario previo, el Juez
sustituto tendrá que realizarlo ante el Secretario del
Juzgado.

Los Secretarios de Juzgado tienen la obligación
de custodiar los expedientes en giro y los archivos
correspondientes, y son responsables de su pérdida o
extravío, en cuyo caso se harán acreedores a las sanciones previstas por la ley.

Por último, la Ley prevé que el Supremo Tribunal de Justicia nombre Visitadores de Jueces de Primera Instancia y Alcaldes.

12) Concesión del ferrocarril michoacano

En 1886, el Congreso del Michoacán decretó la construcción de una vía férrea que uniera las poblaciones Tacámbaro, Ario, Taretan y Uruapan, así que el Gobernador Interino Epifanio Reyes tuvo a bien difundir los documentos relativos a la construcción de dicha obra y ordenó que se publicaran los *Documentos relativos a la concesión del ferrocarril michoacano*.[17]

El texto de esta obra, que se encuentra en la colección "Impresos Michoacanos" de la Biblioteca del Congreso del Estado, consta únicamente de tres documentos. El primero es el decreto del Gobernador Epifanio Reyes, de fecha 27 de agosto de 1886, por el que manda dar publicidad al decreto del Congreso que aprueba las bases estipuladas por la Comisión nombrada por el Legislativo y por el señor don Carlos Sommer para la construcción de la vía férrea señalada.

El segundo es la breve compilación titulada *Bases a que se refiere la ley anterior*, que consta de 25 bases, entre las cuales destacan las que se refieren a los lugares que unirá la vía férrea; el nombre que recibirá ésta, que es el de Ferrocarril Michoacano; el término para la conclusión de la obra, que será de 6 años; al derecho del Gobierno a adquirir dicho Ferrocarril y sus accesorios, pasados noventa y nueve años de la celebración del contrato, en un precio que será de-

---

[17] *Documentos relativos a la concesión del ferrocarril michoacano*, Morelia, Imprenta en la Escuela de Artes, a cargo de J. R. Bravo, 1886.

---

terminado por dos peritos, uno nombrado por cada parte; el derecho de preferencia de la compañía que lo construya, en caso de que el gobierno vuelva a enajenarlo; los derechos del Gobierno y de la empresa constructora, y detalles sobre el funcionamiento de la línea, por ejemplo, las tarifas, que serán fijadas por el Gobierno, de acuerdo con la compañía, pero que en ningún caso se incrementarán para generar una ganancia anual mayor al 10% del capital invertido en la obra.

El tercer documento es la convocatoria pública de la Junta Directiva del Ferrocarril Michoacano, a efecto de obtener acciones para la construcción de la línea férrea, y establece las bases para otorgarlas, la forma de entregarlas y su valor, así como la cantidad máxima que podrán adquirir los particulares.

13) Junta de Mejoras Materiales de Morelia

El 25 de octubre de 1928 el Gobernador Lázaro Cárdenas del Río mandó imprimir, publicar y circular el decreto 11 del H. Congreso del Estado, que establece la Junta de Mejoras Materiales de la Ciudad de Morelia, decreto que reprodujo el cuadernillo titulado *Ley y Reglamento de la Junta de Mejoras Materiales de la Ciudad de Morelia*.[18] La mini colección forma parte de "Impresos Michoacanos" de la Biblioteca del Congreso del Estado.

El decreto, según Ramos Quiroz, señala las atribuciones de la Junta, que son discutir y aprobar los

---

[18] *Ley y Reglamento de la Junta de Mejoras Materiales de la Ciudad de Morelia*, Morelia, Michoacán, 1928.

proyectos formulados por las Comisiones que la integran, así como estudiar y construir las obras de utilidad pública que se consideren necesarias en la municipalidad de Morelia. Corresponde a la Junta celebrar contratos con las constructoras para realizar las obras que por su magnitud lo ameriten; proponer las expropiaciones que se consideren necesarias para el desarrollo de las obras, mediante indemnización, y vigilar la construcción, conservación y mejoramiento de las obras públicas existentes y las venideras.

La Junta estará integrada por un presidente efectivo, que será el Gobernador del Estado; un presidente honorario, el Jefe de Operaciones Militares en el Estado; un vicepresidente efectivo, el Presidente Municipal de Morelia; un vicepresidente honorario, el Jefe de la Guarnición de la Plaza; veintiún vocales designados, dos por el Congreso, dos por el Ayuntamiento de la ciudad; el gerente del Banco de México; el gerente del Banco Nacional de México; tres nombrados por el Consejo Universitario; tres en representación de los propietarios; tres en representación de los obreros y artesanos; cuatro en representación de la Cámara de Comercio, y dos de la Asociación de Charros, así como un secretario, que será el Jefe de la Sección de Fomento de la Secretaría de Gobierno, y un tesorero designado por los miembros de la Junta. Dichos miembros durarán dos años en su encargo y no podrán cobrar por sus servicios.

La Junta estará formada además por tres comisiones: la de abastecimiento de aguas y saneamiento; la de pavimentación, urbanización y embellecimiento, y la de adaptación y embellecimiento del Bosque Cuauhtémoc; tendrán las reuniones ordinarias y extraordinarias que consideren necesarias, y contarán con el apoyo de dos ingenieros que fungirán como asesores técnicos, los cuales serán nombrados por el titular del Poder Ejecutivo del Estado.

14) Impresos Michoacanos, Biblioteca del Congreso del Estado

Ya se señaló que en la Biblioteca del Congreso del Estado de Michoacán de Ocampo se encuentra una colección con el título *Impresos Michoacanos*, que consta de 146 tomos, según puede advertirse en el catálogo respectivo.[19] Sin embargo, como dice Ramos Quiroz, el tomo 1 se encuentra extraviado, así que hay solamente 145 tomos.

La colección no indica quién la mandó realizar y tampoco presenta algún sello de imprenta de alguna institución o casa editorial, porque no es una obra que tenga unidad, sino un conjunto de libros, fascículos y documentos mecanográficos, encuadernados al azar, por tomos. Su contenido es muy variado y fue organizado de manera arbitraria, pues abarca lo mismo cuestiones *religiosas*, como algunas novenas para implorar el socorro de algún santo, cuanto *históricas*, como las que se refieren a la fundación de Jiquilpan, Sahuayo, Cotija y muchos otros municipios, o *literarias*, que incluyen no pocos ensayos y poemas.

En materia de recopilación jurídica, contiene las obras a las que ya se ha hecho referencia y otras que, aunque son jurídicas, no forman parte de compila-

---

[19] *Impresos michoacanos*, Biblioteca del Congreso del Estado, 146 tomos.

ción alguna; cítanse -entre los conjuntos- la Colección de disposiciones jurídicas del Gobernador Epitacio Huerta sobre el registro civil de 1861; la Colección del Décimo Quinto Congreso Constitucional de 1871; las relativas a la Ley del Timbre de 1876; las de la concesión del Ferrocarril Michoacano, de 1886; la Ley sobre Instrucción Primaria y el Reglamento para las Escuelas Públicas del Estado de Michoacán de Ocampo, de 1888; las Leyes de 30 de noviembre de 1889 y de 15 de diciembre de 1891 sobre Administración de Justicia en lo criminal y libertad bajo caución, de 1892; la Ley y Reglamento de la Junta de Mejoras Materiales de la Ciudad de Morelia, de 1928, y -entre las individuales- la Ley Electoral para la renovación de Poderes locales y Ayuntamientos expedida por la XXXVIII Legislatura del Congreso del Estado, de 1925; el Código Sanitario del Estado de Michoacán de Ocampo, de 1927; la Ley sobre la facultad económico-coactiva, de 1934; el Reglamento del artículo 60 de la Ley Orgánica de la Universidad Michoacana de San Nicolás de Hidalgo, de 1939; el Reglamento del Congreso de Michoacán, de 1962, y otras disposiciones aisladas; pero -no es ocioso repetirlo- ninguna otra colección.

Recientemente se han empastado algunos fascículos en nuevos tomos, hasta formar 154, con cuadernillos independientes en varias materias, nada jurídico.

15) Michoacán, su aportación a la historiografía jurídica nacional

En el siglo XX no habrá ninguna obra recopiladora de gran aliento, aunque sí algunas –en la segunda mitad- que se limitan a reproducir las disposiciones jurídicas de una sola legislatura, un solo periodo de gobierno o una sola materia.

Entre las primeras se encuentra la titulada *Michoacán y su aportación a la historiografía jurídica nacional*, publicada en 1968 por el Gobernador Agustín Arriaga Rivera.[20]

La obra de dos tomos es una colección de notas e índices de los principales decretos aprobados por las Legislaturas LVI y LVII del 15 de septiembre de 1962 al 14 de septiembre de 1968. La recopilación y edición estuvieron a cargo de los señores licenciados José T. Campos Silva y Raymundo Herrera Sánchez, y su tiraje fue de 1000 ejemplares. Ninguno de los dos tomos contiene completa la obra legislativa, sino sólo los decretos más importantes -a juicio de los recopiladores- de dichas Legislaturas.

El tomo I abarca el periodo de la LVI legislatura y contiene los decretos sobre reformas a la Constitución Política del Estado Libre y Soberano de Michoacán de Ocampo; nueva Ley Orgánica de la Universidad Michoacana de San Nicolás de Hidalgo, y Código Civil y Código de Procedimientos Civiles del Estado; el tomo II, a su vez, comprende el periodo de la LVII Legislatura, y contiene los decretos sobre las reformas a la Constitución local; Ley Orgánica del Registro Civil, de 27 de diciembre de 1965, y Código Tutelar para Menores del Estado de Michoacán, de 11 de enero de 1968, así como las reformas a la Ley

---

[20] Arriaga Rivera, Agustín, *Michoacán y su aportación a la historiografía jurídica nacional 1962-1968*, Morelia, Michoacán, 1968.

Orgánica de la Universidad Michoacana de San Nicolás de Hidalgo, de 15 de octubre de 1966.

16) Michoacán y sus Constituciones

Dice Ramos Quiroz que al celebrarse el cincuentenario de la *Constitución Política del Estado Libre y Soberano de Michoacán de Ocampo*, promulgada en 1918, el Gobierno del Estado se propuso difundir la obra de los tres Constituyentes michoacanos, así como las reformas, adiciones y supresiones que fueron modificando el texto y el espíritu de las Cartas Políticas que aprobaron.

Fue así que el Gobernador Agustín Arriaga Rivera publicó en 1968 la colección de las *Constituciones Políticas del Estado de Michoacán de 1825, 1858 y 1918*.[21] En su Proemio, el Gobernador citado señala que la obra es precedida por una breve presentación del Licenciado Felipe Tena Ramírez, Ministro de la Suprema Corte de Justicia de la Nación. Tena Ramírez, a su vez, destaca el desarrollo de algunos aspectos del sistema federal mexicano y reseña muy someramente las tres Constituciones locales, en el marco del contexto nacional.

La colección reproduce, en primer lugar, la *Constitución Política del Estado libre federado de Michoacán*, de 1825, precedido por un Guión del régimen político y jurídico de Michoacán, integrado por temas como: "Época Colonial", "Época independiente", "La Dipu-

---

[21] MICHOACÁN Y SUS CONSTITUCIONES, Nota Preliminar de Felipe Tena Ramírez, Gobierno del Estado de Michoacán de Ocampo, 1968.

tación Provincial de Michoacán", "Proclamación de la Independencia en Michoacán" y "La primera Constitución". El texto constitucional es seguido por una relación de las adiciones, reformas y supresiones que experimentó a lo largo del tiempo, que incluyen la fecha de la modificación y el texto de la misma. Cabe señalar que el texto de las tres constituciones (1825, 1858 y 1918) cuentan con notas al pie de página elaboradas por el Licenciado Jesús Ortega Calderón, en las que da cuenta de las modificaciones realizadas a los diversos artículos constitucionales de las tres épocas.

Después se reproduce el *Estatuto Orgánico del Estado de Michoacán*, de 22 de septiembre de 1855, decretado por el General de Brigada y Comandante General del Estado de Michoacán Epitacio Huerta, que sirve de antesala al texto de la *Constitución Política del Estado de Michoacán* de 1858.

Previamente, en un breve apartado, se hace referencia al Constituyente michoacano de 1858, convocado por el Constituyente Federal en 1857, y al mensaje que Epitacio Huerta dirigió al pueblo de Michoacán el 21 de enero de 1858, en el que da cuenta de su obra legislativa.

La parte siguiente corresponde al texto constitucional de 1858, seguido por la "Relación de reformas, adiciones y supresiones", con la fecha en que se llevaron a cabo y el texto de las disposiciones modificadas.

La parte destinada a la *Constitución Política del Estado Libre y Soberano de Michoacán de Ocampo* de 1918 empieza con breves antecedentes en Michoacán de la Revolución de 1910 y de la Constitución local, formada con los apartados "La Revolución Mexicana en Michoacán", "Suspensión de la Constitución de 1857", "La restauración constitucional", "El proyecto de la Constitución Política local de 1918", "Promulgación de la Constitución política" y "Reformas y adiciones a la Constitución Política del Estado desde su promulgación hasta el 5 de febrero de 1968".

Este último apartado reproduce la exposición de motivos de las reformas a la Carta Política local, entre ellas, la que el Gobernador David Franco Rodríguez presentó a la LV Legislatura y la que el Gobernador Agustín Arriaga Rivera presentó a la LVI Legislatura Constitucional.

Finalmente se reproduce el texto íntegro de la Constitución de 1918; sin embargo, a diferencia de las Constituciones de 1825 y 1858, que son documentos históricos acabados y completos en sí mismos, cuyas modificaciones se citan por separado, la de 1918, por ser la Constitución vigente hasta 1968, reproduce, en primer lugar, el texto de las reformas constitucionales, y en segundo, el texto constitucional propiamente dicho.

La última parte de la obra incluye dos apartados, uno, el de "Notas comparativas", en dos columnas, que muestran la correspondencia entre los artículos de la Constitución original de 1918 y los de la Constitución vigente de 1968, con todas las modificaciones de que ha sido objeto hasta esta fecha, y otro, el de "Relación de adiciones y reformas", que incluyen texto y fecha de su publicación en el Periódico Oficial del Gobierno del Estado de Michoacán de Ocampo.

La preparación y vigilancia de la edición corrió a cargo del Licenciado Raymundo Herrera Sánchez, y se hizo un tiraje de 1,500 ejemplares, en la Imprenta Arana de la Ciudad de México, en 1968.

17) Actividad legislativa de 1968 a 1974

"Tan importante como la tarea legislativa, resulta el trabajo que tiende a la recopilación comparada y comentada del Derecho positivo", dice Raymundo Herrera Sánchez en su obra *La actividad legislativa en Michoacán (Leyes y Decretos Comentados de 1968 a 1974).*[22]

En realidad, comparada o no, comentada o no, la recopilación de la tarea legislativa es la columna vertebral que sostiene el pasado y el futuro institucional de una sociedad organizada.

Esta compilación no fue hecha por alguna institución, sino por un individuo, aunque con el beneplácito del Gobierno, y comprende la producción jurídica realizada por dos Legislaturas Constitucionales, la LVIII, cuyo periodo corrió del 15 de septiembre de 1968 al 15 de septiembre de 1971, y la LIX, del 15 de septiembre de 1971 al 15 de septiembre de 1974.

En la primera parte, después de citar *Michoacán y su aportación a la historiografía jurídica nacional*, el recopilador hace comentarios sobre algunos decretos

---

[22] Herrera Sánchez, Raymundo, *La actividad legislativa en Michoacán (Leyes y decretos comentados de 1968 a 1974)*, Morelia, Michoacán, Linotipográfica Omega, 1978.

de la LVIII Legislatura; que, más que comentarios, dice Ramos Quiroz, son descripciones de los decretos, porque explican en pocas palabras su contenido, la fecha en que fueron aprobados por la Legislatura respectiva, y la fecha y número de su publicación en el Periódico Oficial, aunque en algunos casos emite consideraciones personales sobre el contenido y alcances de ciertos decretos.

Los temas son, entre otros, aprobación de leyes de ingresos municipales, modificaciones a presupuestos de egresos municipales, autorizaciones al gobernador para cubrir deudas, contratar servicios, enajenar lotes y otros, y aprobación de leyes de ingresos estatales.

Hay también una gran cantidad de decretos sobre temas específicos; por ejemplo, el decreto 2 aprobado el 8 de octubre de 1968, por el cual se habilita la "Casa de la Constitución" de Apatzingán como recinto oficial del Congreso del Estado, o el 48, sobre la jubilación de Luis G. Mesa Ochoa con una renta mensual por más de cuarenta años de servicios prestados al Estado; pero llaman la atención dos cuestiones: a) además de la descripción de los decretos, el autor incluye por única ocasión el texto íntegro de uno de ellos, el 33, por el que se declara a la Facultad de Ciencias Médicas y Biológicas de la Universidad Michoacana como depósito oficial de cadáveres no reclamados dentro de 24 horas -a partir del momento en que son puestos a disposición del Ministerio Público- y b) incluye un apartado con las leyes y decretos aprobados durante la gestión del Gobernador José Servando Chávez Hernández.

En la segunda parte se citan decretos expedidos por la LIX Legislatura del Estado. Además de los que hacen referencia a temas muy generales, como las modificaciones a diversas leyes de ingresos o las autorizaciones al Ejecutivo, hay otros sobre temas particulares, por ejemplo: el decreto 46 publicado el 26 de septiembre de 1972, que declara recinto oficial del Congreso del Estado el edificio que ocupa el teatro Cine Morelia, o el 169 del 8 de julio de 1974, que establece el impuesto de plusvalía con motivo de las obras de remodelación y urbanización del fraccionamiento Nuevo Chapultepec Sur, 2ª y 3ª secciones, de la ciudad de Morelia.

Al final de la breve recopilación se hacen brevísimos comentarios, por una parte, sobre la actuación de la L Legislatura, y por otra, sobre el decreto 42 de la LI Legislatura, que trata de la Ley Orgánica de la Administración Pública del Poder Ejecutivo del Estado, asuntos que escapan a la temática y a la temporalidad establecidas de antemano en la obra comentada.

Por otra parte, incluye un índice onomástico que permite ubicar los nombres de algunos michoacanos notables, que tampoco tiene relación con el propósito original de la obra, la cual se terminó de imprimir en julio de 1978, en la Linotipográfica Omega de José Moreno Melgoza, de Morelia, y contó con un tiraje de 150 ejemplares.

18) Constitución Política comentada

En 1989, la LXIV Legislatura Constitucional acordó editar *Michoacán, Constitución Política comen-*

tada, a fin de divulgar las modificaciones que se hicieron la Ley Fundamental del Estado, a partir de 1960, según se advierte en la presentación de dicha obra.[23]

Aunque este trabajo no contiene compilación alguna propiamente dicha de disposiciones jurídicas, los comentarios a todos y cada uno de los artículos constitucionales, además de las consideraciones doctrinarias en que descansan, se basan en los precedentes de las Constituciones locales de 1825 y 1858, en el marco de las Constituciones federales correspondientes.

En este ejercicio participaron 23 personas: Xavier Tavera Alfaro, Ma. Teresa Aguilar, Humberto Aguilar Cortés, Marco Antonio Aguilar Cortés, Augusto Arriaga Mayés, Héctor Fernando Carmona Suazo, Ricardo Color Romero, Francisco Javier Ibarra Serrano, Fernando Juárez Aranda, Jorge Mendoza Álvarez, Roberto Mendoza Torres, Esteban R. Morales Ledesma, María Guadalupe Morales Ledesma, Jorge Orozco Flores, Alfredo Osegueda Villanueva, Jaime Oseguera Herrera, Luis Alonso Rodríguez Nieto, María Ovidia Rojas Castro, Jesús Solórzano Juárez, José Solórzano Juárez, Plácido Torres Pineda, Daniel Trujillo Mesina y Yolanda Vargas Purecko.

Los temas responden a la clasificación establecida en el propio texto constitucional. De este modo, los Capítulos *De las garantías individuales y sociales*, *De*

---

[23] Aguilar Cortés, Marco Antonio et al, *Michoacán, Constitución Política comentada*, publicaciones del H. Congreso del Estado, Morelia, Michoacán, 1989.

los habitantes del estado, De los michoacanos y *De los ciudadanos*, Título I, fueron comentados por Marco Antonio Aguilar Cortés; el Título Segundo, *De la soberanía del Estado y de la forma de gobierno,* y *Del territorio del Estado*, por Fernando Juárez Aranda; el Título Tercero, Capítulo I *De la división de poderes*, por Esteban R. Morales Ledesma y Xavier Tavera Alfaro; Capítulo II *Del poder legislativo*, por Jesús Solórzano Juárez, Xavier Tavera Alfaro, María Ovidia Rojas Castro, Estaban R. Morales Ledesma, Héctor Fernando Carmona Suazo, Miguel Ángel Aguilar y Marco Antonio Aguilar Cortés; Capítulo III *Del poder ejecutivo*, por Jorge Mendoza Álvarez; Capítulo IV *Del poder judicial*, por José Solórzano Juárez, Luis Alonso Rodríguez Nieto, Plácido Torres Pineda, Roberto Mendoza Torres y Jorge Orozco Flores.

El Título Cuarto *De las responsabilidades de los funcionarios públicos* fue comentado por Daniel Trujillo Mesina; el Título Quinto *De los municipios del estado,* por María Guadalupe Morales Ledesma; el Título Sexto *De la economía pública y la planeación económica y social*, por Augusto Arriaga Mayés y Jaime Oseguera Herrera; el Título Séptimo *De la educación pública*, por Francisco Javier Ibarra Serrano; el Título Octavo *De la propiedad, del trabajo y de la previsión social*, por Yolanda Vargas Purecko; el Título Noveno *Disposiciones generales*, por Alfredo Osegueda Villanueva y Ricardo Color Romero; el Título Décimo *De las reformas a la Constitución* y el Título Décimo Primero *De la observancia e inviolabilidad de la Constitución*, por Humberto Aguilar Cortés.

Los comentarios a la Constitución fueron resueltos bajo el mismo formato: al principio, el texto de la disposición constitucional resaltado con *negritas*; después el comentario respectivo, escrito con letra normal, que plantea y desarrolla los antecedentes del caso, y al final, la bibliografía.

La edición estuvo al cuidado de Humberto Aguilar Cortés, Xavier Tavera Alfaro y Jorge Orozco Flores.

19) Compilamich I, Legislación del Estado

Casi al final del siglo XX cobró aliento la tradición recopiladora, aunque no para abarcar toda la abundante legislación producida en esos años, sino sólo la vigente, ni tampoco editada en papel, sino en disco compacto.

En 1997 se dio a conocer el trabajo realizado por la LVIII Legislatura Constitucional del Honorable Congreso del Estado de Michoacán de Ocampo con la Suprema Corte de Justicia de la Nación, denominado *Legislación del Estado de Michoacán (COMPILA-MICH I).*[24]

Se trata de un CD-ROM que contiene todas las disposiciones jurídicas del Estado Libre y Soberano de Michoacán de Ocampo, vigentes hasta ese momento; pero también los textos originales de las tres Constituciones Políticas de 1825, 1858 y 1918, y una relación de nombres de los Diputados que han inte-

---

[24] COMPILAMICH I, *Compila Michoacán, Legislación del Estado*, obra electrónica publicada por la Suprema Corte de Justicia de la Nación, Centro de Documentación y Análisis, y por la LXVII Legislatura del H. Congreso del Estado de Michoacán de Ocampo, e impresa en disco compacto, 1997.

grado el Congreso del Estado de Michoacán, de 1824 a 1997, por Legislatura.

El disco compacto incluye igualmente la *Constitución Política de los Estados Unidos Mexicanos* de 1917 y otras disposiciones jurídicas del ámbito federal, de frecuente aplicación en Michoacán, conforme al criterio de la Suprema Corte de Justicia de la Nación, específicamente, de la Dirección General de Documentación y Análisis.

Esta obra recopiladora viene acompañada de un folleto, en el que se señalan los requerimientos técnicos para su uso, instrucciones para la instalación del programa y un manual de operación de búsqueda, de opciones de impresión, etcétera.

El Diputado Héctor Terán, Presidente de la Mesa Directiva de la LXVII Legislatura Constitucional, recuerda que COMPILAMICH I utiliza un programa que corre bajo el ambiente Windows, y que "este cambio –como lo dice el señor Presidente de la Suprema Corte de Justicia de la Nación- implica la homologación con el sistema operativo más difundido en el mundo, obteniendo así una mayor facilidad en su uso, formato y presentación".

20) **Compilación de disposiciones electorales 1824-2003**

La recopilación de las disposiciones jurídicas electorales de Michoacán –que aparece en el gozne entre los siglos XX y XXI- también reinicia, por así decirlo, la gran tradición jurídica de Amador Coromina, perdida en lo general, pero rescatada por lo menos en materia electoral.

El Tribunal Electoral del Estado de Michoacán publicó en el año 2003 la 2ª edición de *Compilación de la Legislación Electoral Michoacana 1824-2003*, bajo la responsabilidad de la investigadora Arlette Marín García; obra que tiene como antecedente la primera edición, que vio la luz en el año de 1997, cuyo objetivo, según el Presidente del Tribunal Electoral del Estado, Licenciado Adolfo Mejía González, era "conocer la historia de la legislación electoral michoacana, para comprender la razón de ser de las instituciones de representación popular, las actividades de los actores políticos y el sentir de la sociedad preocupada por fortalecer la cultura política, en aras de alcanzar la verdadera democracia, utilizando como vehículo la justicia electoral".[25]

La obra consta de tres capítulos. El primero es sobre las Constituciones Políticas que han regido al Estado de Michoacán, 1825-1918, en el que se reproducen íntegramente los textos de la Constitución Política del Estado Libre Federado de Michoacán, de 19 de julio de 1825; de la Constitución Política del Estado de Michoacán, de 1º de febrero de 1858, y de la Constitución Política del Estado Libre y Soberano de Michoacán de Ocampo, de 5 de febrero de 1918, incluyendo notas sobre adiciones, supresiones, reformas, textos y fechas.

---

[25] Tribunal Electoral del Estado de Michoacán, *Compilación de la legislación electoral michoacana 1824-2003*, investigadora responsable Marín García, Arlette, introducción de Mejía González, Adolfo, 2ª edición corregida, aumentada y actualizada, México, Ediciones Michoacanas, 2003, p. XX.

En la segunda edición se incorporan las reformas constitucionales aprobadas con posterioridad a la primera edición, entre ellas, el decreto 65 publicado el 10 de abril de 1997 en el Periódico Oficial del Estado, en materia de financiamiento de partidos políticos y uso de los medios de comunicación social; el decreto 90 de 8 de noviembre de 2000, sobre procesos electorales; el decreto 247 de 7 de marzo de 2003, sobre la estructura y funcionamiento del Congreso del Estado y la elección del titular del Poder Ejecutivo, y el decreto 248 de la misma fecha, que dispone que las autoridades electorales son sujetos de juicio político.

El segundo capítulo es sobre las Leyes, Decretos y Convocatorias promulgadas en el periodo de 1824-1917, idéntico en ambas ediciones, y reproduce, por una parte, las convocatorias a elecciones ordinarias y extraordinarias para integrar el Congreso Constituyente de 1824 y renovar a los representantes de los órganos del Estado de elección popular en diversas fechas, y por otra, las leyes y decretos, reglamentos y circulares en materia electoral, de 1824 a 1917.

En la segunda edición, el capítulo III, llamado Leyes y Decretos promulgados en el periodo 1917-2001, reproduce los decretos 94 y 135 expedidos en 1979, no contemplados en la primera edición; las reformas al *Código Electoral de Michoacán*, según los decretos 21 y 102, de 1999, y la legislación expedida después de la primera edición, entre la cual se encuentra la *Ley Estatal del Sistema de Medios de Impugnación en Materia Electoral,* publicada el 8 de febrero de 2001 en el Periódico Oficial del Estado.

21) Leyes Orgánicas de la Universidad Michoacana

Siendo Rector el Licenciado Marco Antonio Aguilar Cortés, fue publicada en 2001 la obra *Leyes orgánicas de la Universidad Michoacana de San Nicolás de Hidalgo"* cuya recopilación, textos introductorios y presentación corrieron a cargo del Director del Archivo Histórico de la Universidad Ángel Gutiérrez.[26]

Esta recopilación reproduce los documentos constitutivos de la Universidad Michoacana que se han promulgado a lo largo de la historia: Decreto local No. 9; Ley Orgánica de 11 de agosto de 1919; Ley Orgánica de 11 de agosto de 1921; Ley Orgánica de 14 de febrero de 1933; Ley Orgánica de 13 de marzo de 1939; Ley Orgánica de 31 de julio de 1961; Ley Orgánica de 13 de marzo de 1963; Ley Orgánica de 1963 con reformas y adiciones, "Ley Orgánica" de 15 de octubre de 1966; Ley Orgánica de 31 de enero de 1986, con reformas y adiciones, y "Ley Orgánica" de 18 de septiembre de 1986.

Aunque con notorias inexactitudes, cada documento, como señala Ramos Quiroz, va precedido por un breve texto introductorio, que contextualiza el momento de su expedición, y se ilustra con fotografías de algunos Gobernadores, entre ellos, el Ingeniero Pascual Ortiz Rubio y el General Francisco J. Mújica, y de Rectores, entre ellos, José Jara Peregrina, Eli de Gortari y Alberto Bremauntz Martínez.

---

[26] *Leyes orgánicas de la Universidad Michoacana de San Nicolás de Hidalgo*, recopilación, textos introductorios y presentación de Ángel Gutiérrez, Morelia, Universidad Michoacana de San Nicolás de Hidalgo, 2001.

22) Compendio de reformas y leyes 2002-2005

La LXIX Legislatura Constitucional del Estado de Michoacán prosiguió en los albores del siglo XXI la tradición recopiladora en materia jurídica reciente-mente reiniciada. Al aprobar importantes reformas a la legislación estatal y producir ordenamientos que llenaron vacíos que existían en varias materias, dicha LXIX Legislatura ordenó la publicación del *Compendio de reformas y leyes aprobadas por el Congreso del Estado de Michoacán de Ocampo.*[27]

La obra se divide en dos partes, 25 modificaciones legislativas y 19 nuevas leyes.

Las modificaciones aparecen en el decreto 1, por el que se reforman diversos artículos de la Ley Orgá-nica del Congreso del Estado; decreto 5, por el que se adiciona un artículo de la Ley de Agua Potable, Al-cantarillado y Saneamiento; decretos 202 y 277, por los que se reforman y adicionan diversos artículos de la Ley Orgánica Municipal; decretos 246, 247 y 248, por los que se reforman diversos artículos de la Constitución Política del Estado Libre y Soberano de Michoacán de Ocampo; decreto 261, por el que se re-forma un artículo de la Ley Tutelar para Menores; decretos 264 y 467, por los que se reforman diversos artículos del Código Civil y del Código de Procedi-mientos Civiles; decreto 269, por el que se reforman artículos de la Ley Orgánica del Poder Judicial; de-creto 275, por el que se reforman diversos artículos

---

[27] *Compendio de reformas y leyes aprobadas por el Congreso del Estado de Michoacán de Ocampo*, LXIX Legislatura del Es-tado de Michoacán, Morelia, s/f.

de la Ley de Deuda Pública; decreto 429, por el que se reforman artículos del Código Fiscal; decreto 430, por el que se reforma un artículo de la Ley Orgánica y de Procedimientos del Congreso; decreto 438, por el que se reforman otros artículos del Código Fiscal; decreto 440, por el que se reforman diversos artículos de la Ley Orgánica de la Administración Pública; decreto 444, por el que se reforman artículos de la Ley de Ingresos para el ejercicio fiscal del año 2004; decreto 456, por el que se reforman artículos del Código Penal y del Código de Procedimientos Penales; decreto 477, por el que se reforman y derogan artículos de la Ley de Equilibrio Ecológico y Protección al Ambiente; decreto 481, por el que se reforman artículos de la Ley de Tránsito y Vialidad, y decreto 482, por el que se reforman artículos de la Ley de Seguridad Pública.

En la segunda parte se reproduce el texto de las 19 leyes aprobadas por la LXIX Legislatura del Congreso del Estado: Ley de Acceso a la Información Pública, publicada el 28 de agosto del 2002 en el Periódico Oficial del Estado; Ley de Archivos Administrativos e Históricos del Estado de Michoacán de Ocampo y sus Municipios, de 3 de marzo de 2004; Ley de Caminos y Puentes, de 14 de junio de 2004; Ley de Cultura Física y Deporte, de 16 de febrero de 2004; Ley de Desarrollo de Ciencia y Tecnología, de 29 de marzo de 2004; Ley de Desarrollo Forestal Sustentable, de 22 de noviembre de 2004; Ley de Deuda Pública, de 17 de enero de 2003; Ley de Fiscalización Superior, de 28 de marzo del 2003; Ley de Fomento Apícola, de 14 de mayo de 2004; Ley de Instituciones de Asistencia Privada, de 9 de junio de 2004; Ley de la Comisión Estatal de los Derechos Humanos, de 14 de julio de 2003; Ley de Presupuesto, Contabilidad y Gasto Público, de 14 de octubre de 2003; Ley de Seguridad Pública, de 17 de noviembre de 2004; Ley de Tránsito y Vialidad, de 17 de noviembre de 2004; Ley Orgánica de la Administración Pública, de 31 de marzo de 2004; Ley Orgánica del Registro Civil, de 23 de abril de 2004; Ley Orgánica y de Procedimientos del Congreso del Estado de Michoacán de Ocampo, de 13 de marzo de 2003; Ley del Agua y Gestión de Cuencas, de 27 de diciembre de 2004, y Ley para Personas con Discapacidad, de 24 de diciembre de 2004.

Esta misma colección legislativa será reproducida y ampliada por el Gobierno de Michoacán, a través del Periódico Oficial, en otra obra, de la que después se hablará.

23) Índices del Periódico Oficial del Estado (Excel) 1928-2005

La tarea de *indizar* las disposiciones jurídicas a partir de 1928 fue reiniciada igualmente en los primeros años del siglo XXI por el Periódico Oficial del Estado de Michoacán de Ocampo, aunque en forma electrónica y sólo para efectos de uso interno.

Hay un documento electrónico en formato *Excel* que contiene los índices del Periódico Oficial del Estado de 1928 a 2005. Es una base de datos o índice que contiene información de 1928 a 2005. También incluye la de 1921, pero falta el periodo que corre de enero de 1922 a junio de 1928.

El documento está diseñado para ubicar el tomo de que se trate, así como el número de periódico, la

---

fecha de su publicación y un extracto de su contenido, lo que resulta de gran ayuda para realizar búsquedas de información; sin embargo, aparecen cronológicamente continuos y mezclados los decretos del
Congreso del Estado con los que expide el Poder Ejecutivo, de suerte que es difícil deslindarlos. En la parte inferior de la pantalla se observan cuatro pestañas;
la primera, "1928-1948", con información que va de
agosto de 1928 a julio de 1948, así como la de 1921; la
segunda, "1948-2005", con información de julio de
1948 a diciembre de 2005; la tercera, "hoja 1", con información de enero de 1946 a julio de 1948 (información que repite parcialmente el contenido de la primera), y la cuarta, "Escrituras 96", con información
errática sobre escrituras públicas, que empieza con
un periódico de enero 1948, otro de febrero de 1949 y
otro de enero de 1996, pero que a partir de éste, se es-
tabiliza y sigue en orden cronológico hasta noviembre de 2005.

Vale la pena señalar que, por tratarse de un documento en formato *Excel*, puede ser manipulado, y
en la propia dependencia se asegura que se está ac-
tualizándose constantemente.

24) Recopilación de disposiciones 2002-2008

La *Compilación de la Legislación Estatal 2002-2008*,
Gobierno del Estado, editada por el Periódico Oficial
del Gobierno del Estado de Michoacán de Ocampo
en noviembre de 2007, es una obra monumental
compuesta por siete gruesos tomos, no numerados; el
primero de los cuales reproduce 44 leyes; el segundo
59 Acuerdos, 7 Programas y 7 Reglas de Operación;
el tercero 35 manuales; el cuarto 52 decretos; el quin-

to 44 Reglamentos; el sexto la Constitución Política y 6 Códigos del Estado, y el séptimo el Plan Estatal de Desarrollo 2003-2008 y 10 iniciativas de ley.[28]

A lo largo de más de siete mil páginas, no hay una sola mención que justifique o explique la obra recopiladora, la cual, por otra parte, se justifica y se explica por sí misma. Lo único que aparece al frente es el Directorio, constituido por el Gobernador Constitucional del Estado Lázaro Cárdenas Batel, la Secretaria de Gobierno María Guadalupe Sánchez Martínez, el Subsecretario de Asuntos Jurídicos y Legislativos Salvador Hernández Mora y la Dirección del Periódico Oficial.

Hay además en el frontispicio de la obra, es decir, en lo que se supone que es o podría ser el primer tomo -por contener el conjunto de leyes- la siguiente frase del General Lázaro Cárdenas:

Los países de América y del mundo necesitan para su propio bienestar contar con estadistas de bien definidas cualidades; dotados de valor civil, de austeridad, de un espíritu de justicia indoblegable ante el poderoso y flexible ante el necesitado; de un sentido del equilibrio en la adversidad y de sereno juicio ante situaciones complejas, ante ataques o diatribas y con la capacidad de mantener una alta calidad en los medios de dirección, para distinguir con claridad entre los actos de una oposición en defensa de las libertades y los actos de subversión.

---

[28] *Compilación de la Legislación Estatal 2002-2008*, Morelia, Gobierno del Estado, Periódico Oficial del Gobierno del Estado de Michoacán de Ocampo, 2007.

En el tomo correspondiente a leyes, se publican 44, de las cuales 17 son reproducidas por el *Compendio de reformas y leyes aprobadas por el Congreso del Estado de Michoacán de Ocampo*, obra de la XLIX Legislatura Constitucional, a la que ya se hizo referencia. Lo lamentable no es que se hayan difundido 17 por partida doble, tanto en la citada obra del Legislativo, cuanto en la del Ejecutivo, sino que no haya sucedido lo mismo con las otras 27 leyes, de las cuales 23, por lo menos, fueron promulgadas por la Legislatura siguiente.

Las 44 leyes de este tomo son: Ley Orgánica de la Administración Pública, de 12 de abril de 2002; Ley de Acceso a la Información Pública, de 28 de agosto de 2002; Ley de Seguridad Pública, de 18 de septiembre de 2002; Ley de Tránsito y Vialidad, de 24 de septiembre de 2002; Ley de Deuda Pública, de 17 de enero de 2003; Ley Orgánica y de Procedimientos del Congreso, de 13 de marzo de 2003; Ley de Fiscalización Superior, de 28 de marzo de 2003; Ley de la Comisión Estatal de Derechos Humanos, de 14 de julio de 2003; Ley de Presupuesto, Contabilidad y Gasto Público, de 14 de octubre de 2003; Ley de Cultura Física y Deporte del Estado, de 16 de febrero de 2004, y Ley de Archivos Administrativos e Históricos, de 3 de marzo de 2004.

Ley de Desarrollo de Ciencia y Tecnología, de 29 de marzo de 2004; Ley Orgánica del Registro Civil, de 23 de abril de 2004; Ley de Fomento Agrícola del Estado, de 14 de mayo de 2004; Ley de Instituciones de Asistencia Privada, de 9 de junio de 2004; Ley de Caminos y Puentes, de 14 de junio de 2004; Ley de Desarrollo Forestal Sustentable, de 22 de noviembre de 2004; Ley para las Personas con Discapacidad, de 24 de diciembre de 2004; Ley de Agua y Gestión de Cuencas, de 27 de diciembre de 2004; Ley de Ejecución de Sanciones Penales, de 27 de enero de 2005; Ley del Periódico Oficial, de 6 de junio de 2005, y Ley de Hacienda, de 28 de diciembre de 2005.

Ley de Desarrollo Rural Integral Sustentable, de 18 de enero de 2006; Ley de Justicia Integral para Adolescentes, de 16 de enero de 2007; Ley de la Juventud, de 13 de febrero de 2007; Ley de Ganadería, de 2 de marzo de 2007; Ley de Hacienda Municipal, de 31 de diciembre de 1983; Código de Justicia Administrativa, de 23 de agosto de 2007; Ley de Justicia Electoral, de 11 de febrero de 2007; Ley Orgánica del Poder Judicial, de 15 de febrero de 2007; Ley de Proyectos para la Prestación de Servicios, de 12 de marzo de 2007; Ley de Justicia Comunal, de 8 de mayo de 2007, y Ley del Escudo del Estado, de 6 de julio de 2007.

Ley de Salud, de 10 de septiembre de 2007; Ley de Expropiación, de 31 de agosto de 2007; Ley de Desarrollo Cultural, de 26 de septiembre de 2007; Ley para la Conservación y Restauración de Tierras, de 9 de octubre de 2007; Ley para la Atención y Protección a las Víctimas u Ofendidos de Delito, de 26 de septiembre de 2007; Ley de Entidades Paraestatales, de 30 de marzo de 1992; Ley de Planeación del Estado, de 17 de abril de 1989; Ley de Responsabilidades de los Servidores Públicos, de 24 de septiembre de 1984; Ley del Equilibrio Ecológico y Protección del Ambiente, de 13 de abril de 2000; Ley Orgánica Municipal, de 31 de diciembre de 2001, y Ley de Desarrollo Social, de 16 de marzo de 2007.

Por otra parte, en el otro tomo sobre producción legislativa, además de la *Constitución Política del Estado libre y soberano de Michoacán de Ocampo*, aparecen publicados el Código Civil, de 30 de julio de 1936; el Código de Procedimientos Civiles, de 30 de julio de 1936; el Código Penal, de 7 de julio de 1980; el Código de Procedimientos Penales, de 31 de agosto de 1998; el Código Electoral, de 5 de mayo de 1995, y el Código Fiscal, de 27 de febrero de 1992, con todas las modificaciones que han sufrido desde su promulgación hasta el año en que se publican.

25) Índices del Periódico Oficial del Estado (Excel) 2006-2010

Para continuar la indización del Periódico Oficial del Estado que se hizo en 2005, se ha elaborado otro documento electrónico en formato *Excel*, que contiene los índices del periodo comprendido de 2006 a 2010, y que, como el anterior de 1928 a 2005, es también un índice interno de la institución y puede ser manipulado. Todo parece indicar que la experiencia en la elaboración del primer índice (1928-2005) fue aprovechada para preparar la segunda versión, que está mejor desarrollada que la anterior.

El documento contiene la siguiente información: tomo, número del periódico oficial, sección, documento, contenido por tomo y municipio. Como se ve, presenta variaciones en relación con el que lo precede, y está mejor diseñado para facilitar la búsqueda, pues permite tener a la vista el periódico oficial, según el tomo respectivo; utiliza varios colores, y en la parte inferior aparecen cinco pestañas: "2006", "2007", "2008", "2009" y "2010", que contienen la información relativa al año señalado, lo cual facilita aún más la búsqueda. Sin embargo, como el índice que lo precedió, aparecen igualmente sin separar las disposiciones jurídicas, según la fuente de su procedencia, de tal suerte que es difícil para el profano agrupar las resoluciones del Congreso, por una parte, y las disposiciones administrativas del Ejecutivo, por otra.

26) Catálogo electrónico de legislación por la red (CELEM)

El Catálogo Electrónico de Legislación del Estado de Michoacán (CELEM) es un sitio de internet operado por el Centro Estatal de Tecnologías de Información y Comunicaciones (CETIC), cuyos contenidos son seleccionados, organizados, aprobados y administrados por la Subsecretaría de Gobierno y Enlace Legislativo de la Secretaría de Gobierno del Estado de Michoacán.

Las categorías de búsqueda de este catálogo electrónico son Constitución, códigos, leyes, reglamentos, bandos, decretos, convenios, planes, acuerdos, programas, manuales, declaratorias, presupuestos y paquete fiscal, y aparecen en el ángulo superior izquierdo de la pantalla.

También cuenta con una opción para realizar búsquedas avanzadas, en cuyo caso se debe elegir el ámbito de aplicación de la legislación requerida o la temporalidad de la ley, por lo que se puede optar, por una parte, entre estatales, municipales o estatales y municipales, y por otra, entre vigentes, históricos o vigentes históricos. El catálogo está disponible en http://celem.michoacan.gob.mx.

27) Colecciones de periódicos oficiales y semioficiales

Por último, para elaborar la indización de esta obra, también fueron consultadas varias colecciones de periódicos, entre ellas, las siguientes:

*   *El Astro Moreliano*, Periódico Político, Imprenta del Estado, a cargo del Ciudadano José Miguel de Oñate, Morelia, abril 1829-marzo 1830.

*   *Michoacano Libre*, Periódico Político y Literario, Imprenta en el Colegio Clerical, 21 enero 1830-31 enero 1831.

*   *Michoacano Libre*, Periódico Político y Literario, Imprenta del Michoacano Libre dirigida por Antonio Quintana, 3 febrero 1831-2 febrero 1832.

*   *El Filógrafo*, Evaristo de Oñate, Morelia, 1838.

*   *La Voz de Michoacán*, Morelia, Imprenta de Ignacio Arango, 1842-1843-1844.

*   *El Pueblo*, Periódico semioficial del Estado de Michoacán, Responsable Justo Mendoza; editado por la Imprenta de Octaviano Ortiz, Morelia, 11 mayo 1857-1º enero 1859.

*   *La Bandera Roja*, Periódico semioficial del estado de Michoacán, Responsables Gabino Ortiz y Simón García, Imprenta de Ignacio Arango, Morelia, 1860-1861-1862-1863.

• *Boletín Oficial del Gobierno el Estado de Michoacán de Ocampo*, Responsable Luis G. Alvires (sic), Imprenta de Octaviano Ortiz, Morelia, Michoacán, 20 febrero 1862-28 noviembre 1863.

• *La Restauración*, Periódico Oficial del Estado, del número 1, correspondiente al jueves 26 de febrero de 1867, al número 88, lunes 30 de diciembre de 1867.

• *El Constitucionalista*, Periódico semioficial del Gobierno del Estado de Michoacán, del viernes 3 de enero de 1868 al jueves 12 de noviembre de 1868.

• *El Constitucionalista*, Periódico Oficial del Gobierno del Estado de Michoacán, Responsable Juan Pérez, reemplazado en 1869 por Antonio Espinosa, número 133, lunes 26 noviembre 1868-número 350, lunes 26 diciembre 1870.

• *El Progresista*, Periódico Oficial del Gobierno de Michoacán, número 133, 2 enero 1871-número 150, 23 noviembre 1876.

• *Boletín Oficial del Estado de Michoacán de Ocampo*, números 1, viernes 8 diciembre 1876-número 4, martes 18 diciembre 1876.

• *El Regenerador*, Periódico Oficial del Gobierno del Estado libre y soberano de Michoacán de Ocampo, número 1, sábado 30 diciembre 1876-número 53, martes 3 julio 1877.

• *La Paz*, Periódico Oficial del Gobierno del Estado libre y soberano de Michoacán de Ocampo, número 1, domingo 8 julio 1877-númerol 130, viernes 7 noviembre 1878.

- *Periódico Oficial del Gobierno Constitucional del Estado de Michoacán de Ocampo*, del número 1, tomo I, de 10 de noviembre de 1878, hasta el número 74, Tomo CL, de 31 de diciembre de 2010.[29]

28) Colecciones hemerográficas de 1829 a 1845

1. *El Astro Moreliano*. En ninguno de los periódicos de esta colección, encuadernada en el Tomo I, y que corre de abril de 1829 a marzo de 1830, aparecen publicados decretos del Poder Legislativo de Michoacán. El 29 de marzo de 1830, el periódico número 103 publicó la siguiente nota: "El *Astro* se suspende porque el ruido de las armas no deja escuchar el de la razón".

2. *Michoacano Libre*. Primera época. La colección de este periódico político y literario va del 21 de enero de 1830 al 31 de enero de 1831 y publica trece disposiciones jurídicas, de las cuales doce fueron reproducidas por Amador Coromina, no así el Acuerdo 106 del Congreso del Estado de 5 de noviembre de 1830, publicado en el periódico 80 de 7 de noviembre de ese mismo año e incluido en este *Index*.

3. *Michoacano Libre*. Segunda época. Esta colección corre del 3 de febrero de 1831 al 2 de febrero de

---

[29] Biblioteca del Congreso del Estado de Michoacán de Ocampo y Archivo General e Histórico del Poder Ejecutivo del Estado de Michoacán.

1832, en 420 páginas, y publica ocho decretos legislativos, uno de los cuales, el 87, publicado en
el periódico 18 de 4 de abril de 1831, es omitido
por Coromina y reproducido en el *Index*.

4. *El filógrafo*. Ninguno de los ejemplares de esta colección contiene decretos legislativos.

5. *La Voz de Michoacán*. La colección de este periódico político y literario tampoco contiene decretos legislativos en 1842 y 1843; en cambio, en
1844 publicó catorce disposiciones del Congreso,
de las cuales cinco no aparecen en la obra de Coromina: el decreto 128 de julio 12 de 1844, publicado en el periódico 25 de 18 de agosto de 1844;
el decreto 154 de agosto 14 de 1844, publicado en
el mismo periódico 25 de la misma fecha; la Circular o Comunicado sin número de diciembre 17
de 1844, publicada en el periódico 294 de 19 de
diciembre de 1844; la Proposición sin número de
enero 20 de 1845, publicada en el periódico 395
de 30 de enero de 1845, y el decreto 19 de 28 de
enero de 1845, publicado en los periódicos 321 de
23 de marzo, 322 de 27 de marzo y 323 de 30 de
marzo de ese mismo año; disposiciones todas
que se incluyen en el *Índex*.

29) Colecciones hemerográficas de 1857 a 1863

1. *El Pueblo*. La colección de este periódico "semioficial" del Gobierno de Michoacán, del cual
fue responsable Justo Mendoza, está formada por
ejemplares fechados del 11 de mayo de 1857 al 21
de enero de 1858, periodo durante el cual no se
reproducen decretos del Congreso, y del 25 de

enero de 1858 al 1º de enero de 1859, en el que aparecen 4 decretos del Congreso, que Amador Coromina reproduce en su obra recopiladora.

2. *La Bandera Roja*. Este periódico "semioficial" del Gobierno de Michoacán no publicó ningún decreto del Poder Legislativo de 1858 a abril de 1861; en cambio, al convertirse en periódico "oficial", en la etapa que corre de abril de 1861 a febrero de 1863, publicó 37 disposiciones, de las cuales 9 no aparecen en la obra de Coromina, ocho de 1861 y una de 1862. Las de 1861, no incluidas en la obra de Coromina, son las siguientes: Proposición sin número de junio 18, publicada en el periódico 52 de 5 de julio; Proposición sin número de julio 15, publicada en el periódico 56 de ese mismo mes; Nombramiento sin número de julio 15 y Proposición sin número de esa misma fecha, publicados en el periódico 56 de 19 de ese mismo mes; Proposición sin número de septiembre 23, publicada en el periódico 73 de 27 de ese mismo mes; Resolución sin número de septiembre 24, publicada en el periódico 75 de 4 de octubre; Decreto 25 de octubre 24, publicado en el periódico 81 de 25 de ese mismo mes, y Proposición sin número de noviembre 27, publicada en el periódico 91 de 3 de diciembre. Por otra parte, el decreto 11 de diciembre 18 de 1862 fue publicado por el periódico 183 del 30 de enero de 1863. Las nueve disposiciones citadas se incluyen en el *Índex.*

30) Colecciones hemerográficas de 1863 a 1868

1. *Boletín Oficial del Gobierno el Estado de Michoacán de Ocampo*. Esta colección contiene

ejemplares que van del 20 de febrero al 28 de noviembre de 1863, en los cuales no aparece ningún decreto del Congreso.

2. *La Restauración*. La colección de este periódico *oficial* del Gobierno del Estado de Michoacán de Ocampo está formada por ejemplares publicados del 26 de febrero al 30 de diciembre de 1867, en los cuales se publican numerosos decretos del Poder Legislativo, todos reproducidos por Coromina.

3. *El Constitucionalista*. La colección de este periódico "semioficial" del Gobierno del Estado de Michoacán contiene ejemplares del 1° de abril al 31 de diciembre de 1868, en algunos de los cuales se reproducen 66 disposiciones del Poder Legislativo, 10 no listadas en la recopilación de Amador Coromina y 3 con diferencias de uno a tres días en las fechas de su publicación, habiéndose dejado en el *Índex* las de Coromina. Las faltantes son las siguientes: proposición sin número de 2 de abril, publicada en el periódico 65 del 8 de mayo; dos proposiciones sin número de 24 de junio, publicadas en el periódico 75 de ese mismo día; decreto 17 de 23 de junio, publicado en el periódico 76 de 26 de ese mismo mes; proposición sin número de 29 de junio, publicada en el periódico 78 de 1° de julio; proposición sin número de 21 de julio de 1868, publicada en el periódico 88 de 24 de ese mismo mes; dos proposiciones sin número de 25 de julio, publicadas en el periódico 94 de 7 de agosto; una proposición sin número de 30 de julio, publicada en el periódico 118 de 2 de octubre, y varias proposiciones de 28 de septiembre,

publicadas en el mismo periódico 118 del 2 de octubre de 1868. Las disposiciones anteriores se incluyen en el *Índex*. Al convertirse en órgano oficial del Gobierno del Estado, del lunes 16 de noviembre de 1868 al lunes 26 de noviembre de 1870, publicó numerosas disposiciones jurídicas, todas las cuales están en la obra de Coromina.

31. Colecciones hemerográficas de 1871 a 1878

1. *El Progresista*. La colección de este periódico oficial del Estado corre del 2 de enero de 1871 al 23 de noviembre de 1876 y reproduce disposiciones del Poder Legislativo, casi todas publicadas por Coromina, aunque algunas con diferencias de fecha, de número de decreto e incluso de contenido, excepto siete que omitió: dos de 1871, dos de 1872, una de 1873 y dos de 1875. Las siete omitidas son: decreto sin número de 2 de junio, publicado en el periódico 30, de 5 de junio de 1871; decreto sin número de 30 de diciembre de 1871, publicado en el periódico 88 de 11 de enero de 1872; decreto 195 de 14 de febrero de 1872, publicado en el periódico 99 de 7 de marzo siguiente; decreto 303 de 3 de julio de 1872, publicado en el periódico 114 de 8 del mismo mes y año; decreto 4 de 7 de octubre de 1873, publicado en el periódico 247 de 16 de ese mismo mes y año; decreto 718 de 3 de junio de 1875, publicado en el periódico 417 de 29 de ese mismo mes y año, y decreto 9 de 29 de septiembre de 1875, publicado en el periódico 456 de 18 de octubre de ese mismo año; todas incluidas en el *Índex*.

2. *Boletín Oficial del Estado de Michoacán de Ocampo*. En esta breve colección que va del viernes 8 al martes 18 de diciembre de 1876, no aparece ningún decreto del Congreso.

3. *El Regenerador*. La colección de este periódico oficial del Estado corre del sábado 30 de diciembre de 1876 al martes 3 de julio de 1877 y publica los decretos del Congreso, todos los cuales son reproducidos por Coromina, salvo cinco; dos de 1876 y tres de 1877. Los que no aparecen en la obra de Coromina son los siguientes: decreto s/n de 26 de noviembre de 1876, publicado en el periódico 1 de 30 de diciembre del mismo año; el plan de Tuxtepec de 27 de diciembre de 1876, publicado en el periódico 1 de ese mismo día; decreto s/n de 18 de mayo de 1877, publicado en el periódico 42 de 22 de ese mismo mes y año; decreto s/n de 27 de mayo, publicado en el periódico 48 de 12 de junio, y decreto s/n de 15 de junio, publicado en el periódico 49 de ese mismo día. Todos ellos son citados en el *Índex*.

4. *La Paz*. Esta colección del periódico oficial del Estado va del domingo 8 de julio de 1877 al viernes 7 de noviembre de 1878 y reproduce las disposiciones del Congreso de Michoacán, todas recopiladas en la obra de Coromina, excepto 14; de las cuales 6 son de 1877 y 8 de 1878, todas ellas incluidas en este *Índex*. Las 6 de 1877 son las siguientes: decreto sin número de 22 de junio, publicado en el periódico 1 de 8 de julio; decreto sin número de 18 de julio, publicado en el periódico 2 de ese mismo día; decreto sin número de 30 de julio, publicado en el periódico 7 de la misma fe-

cha; decreto 93 de 3 de agosto, publicado en el periódico 10 de 9 de ese mismo mes; decreto 129 de 3 de noviembre, publicado en el periódico 36 de 13 de ese mismo mes, y decreto 20 de 20 de noviembre, publicado en el periódico 40 de 27 de ese mismo mes. Las 8 de 1878 son: decreto 155 de 26 de febrero, publicado en el periódico 68 de 5 de marzo; decreto 161 de 5 de marzo, publicado en el periódico 73 de 22 de ese mismo mes; decreto sin número de 20 de abril, publicado en el periódico 88 de 14 de mayo; decreto 216 de 29 de junio, publicado en el periódico 104 de 9 de julio; decreto sin número de 30 de junio, publicado en el periódico 102 de 2 de julio; decreto 43 de 12 de julio, publicado en el periódico 106 de 16 de ese mismo mes; decreto 39 de 28 de julio, publicado en el periódico 118, de 10 de septiembre, y decreto 253 de 19 de octubre, periódico 127 de 22 de octubre.

5. *Periódico Oficial del Gobierno Constitucional del Estado de Michoacán de Ocampo.* Esta colección corre del número 2, de 10 de noviembre de 1878, hasta la fecha, aunque vale la pena señalar que ha sido interrumpida varias veces, la primera de ellas, en el número 104 de 28 de diciembre de 1913, habiéndose integrado todas sus disposiciones a la recopilación de Coromina, directamente por éste, hasta 1902, y continuada a partir de 1904 por sus sucesores del Archivo General y Público.

II

MARCO JURÍDICO INICIAL, ANTECEDENTES LEGISLATIVOS Y ETAPAS HISTÓRICAS

1) Marco jurídico inicial

Durante los cuatrocientos años que corren de los comienzos del siglo XVI a fines del siglo XIX, nuestro país, bajo sus múltiples y diferentes sistemas políticos y denominaciones formales (reino de Nueva España, América Septentrional, América Mexicana, Imperio Mexicano, Estados Unidos Mexicanos o República Mexicana), será regido por el mismo sistema jurídico ordinario que había sido expedido por el monarca de las Españas y de las Indias.

Apoyado por el Consejo de Castilla, si se trataba de los asuntos del antiguo continente, y por el Consejo de Indias, de los del nuevo, el rey fue el único Legislador en ambos mundos y sus disposiciones jurídicas se cumplieron y se hicieron cumplir por las autoridades respectivas, con una salvedad: en España rigió únicamente el derecho español, no el derecho indiano, y en las Indias, en cambio, el derecho indiano, así como, supletoriamente, el derecho español.

El derecho indiano está compuesto por catorce cuerpos jurídicos, a los que Antonio Florentino Mercado llama "códigos", no en el sentido actual, sino en el de recopilaciones; de los cuales doce constituyeron el derecho indiano propiamente dicho -y en los días del autor del LIBRO DE LOS CÓDIGOS formaron parte del llamado "derecho patrio"- y dos fueron "códigos" mexicanos, los cuales están integrados por la ley

---

85

fundamental -federal o centralista- durante el término de su vigencia; por el conjunto de leyes ordinarias expedidas por las autoridades antiguas, en todo lo que no se opusieran a las de más reciente expedición, y por las Constituciones locales durante el término de su vigencia.

Los doce "códigos" indianos eran parte del derecho nacional, por haber sido expedidos por la autoridad legítima que ejerciera su soberanía sobre esta región del mundo, salvo en lo que se opusieran a lo dispuesto por las Cortes españolas o por los Congresos mexicanos, en su caso.

Dichos "códigos" son: *Leyes de Indias*, de 18 de mayo de 1680; *Ordenanzas de Bilbao*, de 2 de diciembre de 1737; *Ordenanzas de Milicias Provinciales*, de 30 de mayo de 1767; *Ordenanza Militar*, de 20 de septiembre de 1769; *Ordenanzas de Minería*, de 25 de mayo de 1783; *Ordenanza de Intendentes*, de 4 de mayo de 1786; *Ordenanzas Generales de la Armada Naval*, de 8 de marzo de 1793; *Ordenanza General de Correos*, de 8 de junio de 1794; *Ordenanza del Real Cuerpo de Ingenieros*, de 11 de julio de 1803; *Ordenanza y Reglamento de Indias del Cuerpo de Artillería*, de 10 de diciembre de 1807; *Decretos de las Cortes de España*, de 1811 a 1821, y *Recopilación Sumaria de todos los Autos Acordados de la Real Audiencia y Sala del Crimen de la Nueva España*, impresa en 1787, en la que se incluyen las *Ordenanzas de Tierras y Aguas*.[30]

---

[30] Aunque existe la creencia de que los conjuntos jurídicos en el reino de Nueva España quedaron derogados a partir de la independencia nacional, en realidad siguieron en vigor en la República Mexicana durante casi todo el siglo XIX, en todo lo que no fue

Y los dos "códigos" mexicanos, por su parte, elaborados desde 1821 hasta 1857, año en que Florentino Mercado publica su obra, son *El Observador Judicial y de Legislación*, "periódico que contiene todas las leyes y decretos por orden suprema", y *Legislación Mexicana* o sea, "colección completa de las Leyes, Decretos y Circulares que se han expedido desde la consumación de la independencia a la fecha"; en primer lugar, por supuesto, las leyes fundamentales de México, hasta ser derogadas o abrogadas y reemplazadas por otras, y que son, en su orden: *Decreto Constitucional para la libertad de la América mexicana*, sancionado en Apatzingán el 22 de octubre de 1814; *Constitución Política de la Monarquía Española*, publicada en México el 30 de mayo de 1820; *Bases Orgánicas de la Junta Nacional Instituyente*, 2 de noviembre de 1822; *Acta Constitutiva de la Federación*, de 31 de enero de 1824, y *Constitución Federal de los Estados Unidos Mexicanos*, de 4 de octubre de 1824; *Leyes Constitucionales*, de 15 de diciembre de 1835 y de 30 de diciembre de 1836; *Acta y Bases de Tacubaya*, de 28 de septiembre de 1841; *Bases de Organización Política de la República Mexicana*, de 12 de junio de 1843; *Acta del ejército en México*, de 2 de enero de 1846; *Constitución Federal de los Estados Unidos Mexicanos*, restablecida el 22 de agosto de 1846; *Acta Constitutiva* en la misma fecha y *Acta de Reformas*, de 18 de mayo de 1847; *Convenio acordado en el Palacio Nacional de México* a 6 de febrero de 1853 y *Bases para la administración de la República hasta la promulgación de la Constitución*, de 22 de abril de 1853; *Plan de Ayutla* y de *Acapulco*, 1° y 11 de marzo de 1854; *Estatuto Orgánico Provisional de la República Mexicana*, de 20 de mayo de 1856; *Constitución Política de*

---

expresamente derogado por la nueva legislación.

los Estados Unidos Mexicanos, sancionada y jurada a 5 de febrero de 1857, y Constituciones y leyes particulares de cada Estado, entre ellas, por supuesto, la *Constitución Política del Estado libre federado de Michoacán* de 1825, hasta ser reemplazada por la *Constitución Política del Estado libre y soberano de Michoacán* de 1858,

> *las cuales* –señala Mercado-, *como se dieron en ejercicio de la soberanía para el arreglo de su administración interior, es indudable que ocupan el primer lugar, en tratándose de resolver cuestiones dentro del territorio de los mismos Estados.*[31]

Es extraño que Antonio Florentino Mercado, tan diligente, riguroso y preciso en la materia, haya omitido entre los documentos constitutivos de la Nación, el *Plan de Iguala* y el *Tratado de Córdoba*, de 24 de febrero y 21 de agosto de 1821, respectivamente; las *Bases Constitucionales aceptadas por el Segundo Congreso Mexicano*, de 24 de febrero de 1822, que establecen el Imperio Mexicano, y el *Reglamento Político Provisional del Imperio Mexicano*, de 23 de febrero de 1823, que no fue más que la consecuencia lógico-jurídica de dichas *Bases Constitucionales*, y que dicho autor atribuya a la Junta Nacional Instituyente, habiendo sido en realidad aprobadas por el Congreso Constituyente reinstalado.

Por lo que se refiere al derecho español, Antonio Florentino Mercado dice acertadamente que "explica perfectamente nuestro carácter, nuestras necesidades, nuestras opiniones y hasta nuestra nacionalidad". En 1857, las normas del derecho español aún

---

[31] Ibidem.

estaba vigentes en México -y lo seguirían estando varias décadas más-, no sólo "porque no se han dado otras en contrario", sino también porque, según el autor:

> *toda ley* [es vigente] *en cuanto que se ha dado por un poder competente y no ha sido derogada o abrogada, ni expresa ni tácitamente, puesto que su fuerza obligatoria resulta de su sanción y promulgación.* **Una ley no deja de regir o de estar vigente porque desapareció el que la haya dado.**[32]

Entre los "códigos" españoles vigentes en 1857, aplicables en toda la República y, por supuesto, en Michoacán, Florentino Mercado, en su LIBRO DE LOS CÓDIGOS –recomendado por el Gobierno Federal como texto obligado en todas las Escuelas de Jurisprudencia de la Nación-, señala los siguientes: *Fuero Juzgo, Fuero Viejo de Castilla, Fuero Real, Siete Partidas, Espéculo, Leyes de los Adelantados, Leyes Nuevas, Ordenamiento de las Tafurerías, Leyes del Estilo, Ordenamiento de Alcalá de Henares, Ordenanzas Reales de Castilla, Leyes de Toro, Nueva Recopilación de las leyes de Castilla* y *Novísima Recopilación de las Leyes de España.*

En todo caso, al margen las Leyes Fundamentales de México y enfocando la atención únicamente en las disposiciones jurídicas ordinarias, dado el cúmulo, variedad y complejidad de las que mantuvieron su vigencia en esa época, desde el *Fuero Juzgo* hasta la *Novísima Recopilación de las Leyes de España* –incluyendo los códex góticos y romanos-, y desde las *Leyes de los reinos de Indias* hasta los Decretos de las Cortes

---

[32] Mercado, Antonio Florentino, op. cit.

de España, el autor del LIBRO DE LOS CÓDIGOS propone un método que, no por claro, lógico y eficaz, es menos difícil y complejo para identificar la ley aplicable al caso, conforme al siguiente criterio: la última ley en el tiempo es la primera en autoridad, a menos que alguna ley posterior declare la prelación de alguna anterior:

Para el conocimiento, discusión y decisión de los negocios o casos jurídicos, antes deben atenderse y preferirse las leyes posteriores en tiempo que las que les son anteriores.

En consecuencia, todos los que tuvieren oficio o cargo de justicia deben guardar, primero, en la ordenación y determinación de las causas, así civiles como criminales, las leyes dadas en tiempo del gobierno actual.

No habiéndolas, habrán de buscarse en el tiempo del gobierno anterior o penúltimo; de éste pasarse al antepenúltimo… y así sucesivamente del uno al otro inmediato, hasta parar donde hallemos la ley que buscamos…[33]

Este ejercicio podía hacer retroceder al jurista no sólo años sino siglos e ir de la legislación mexicana propiamente dicha a la indiana, castellana, canónica, gótica y romana, según los órdenes de prelación y de supletoriedad, en su caso, señalados por las propias leyes.

---

[33] Idem.

2) Legislación del Generalísimo Hidalgo, Protector de la Nación

En medio de este frondoso, complejo y rico bosque legislativo, surge volcánicamente en la América Septentrional de 1810 un nuevo legislador, Miguel Hidalgo y Costilla, que ante la ausencia del monarca de España y de las Indias -que ha cedido su corona a Napoleón Bonaparte, emperador de Francia y rey de Italia-, con el título de Capitán General (y después Generalísimo) de los Ejércitos Americanos y Protector de la Nación, asume *de facto*, por la vía revolucionaria, el papel de jefe de Estado y de Gobierno con amplísimas facultades, y además de proclamar con las armas en la mano la libertad y la independencia de la Nación, formular disposiciones de paz y guerra, y embargar bienes de europeos, el ex Rector del Colegio de San Nicolás expide leyes fundamentales -a través de la figura del Bando- para abolir la esclavitud, suprimir el tributo, declarar exentos de gravámenes los estancos de pólvora, tabaco de hoja -labrado y en polvo-, colores y naipes, así como para reducir las alcabalas del seis al dos por ciento en efectos nacionales y del seis al tres en productos ultramarinos; declarar el libre comercio de todas las bebidas prohibidas; armarse "conforme a las facultades de cada uno"; abolir leyes, cédulas y reales órdenes del monarca que obligaban al uso del papel sellado; ordenar que se devolvieran sus tierras a los pueblos indígenas, y establecer las instituciones del Estado independiente.[34]

---

[34] Se *remite un bando del señor don Ignacio López Rayón sobre varias materias en siete artículos*, en Hernández y Dávalos, J. E., **Colección de documentos para la historia de la guerra de**

Durante los dos años siguientes (1811-1813), la Suprema Junta Nacional Americana realizó una intensa actividad legislativa, y los vocales que formaron parte de ella, el presidente Ignacio López Rayón, José Sixto Verduzco, José María Liceaga y José María Morelos, en ejercicio de las amplias facultades que les concedió dicho órgano político, produjeron numerosas disposiciones jurídicas en la jurisdicción territorial a su cargo, por las que reafirmaron, desarrollaron y profundizaron la agenda legislativa nacional planteada por don Miguel Hidalgo y Costilla, en condiciones de guerra, con las modalidades que les impusieron tiempo, lugar y demás circunstancias.

3) El Congreso de Anáhuac 1813-1814

En septiembre de 1813 se instala en Chilpancingo

---

independencia, México, Impresor, José María Sandoval, 1877, t. I, n. 50, p. 116; *primer decreto de abolición de la esclavitud, el pago del tributo y otras gabelas*, Valladolid, 19 de octubre de 1810, ídem, t. II, n. 90, pp. 169-170; s*egundo bando por el que se decreta la abolición de la esclavitud*, Guadalajara, 29 de noviembre de 1810, idem, t. II, n. 145, pp. 240-241; *el Ayuntamiento de Guadalajara nombra comisionados para el embargo de bienes de los europeos*, idem, t. II, n. 135, pp. 229-230; *exposición de motivos y ley de guerra en nueve artículos*, [Guadalajara, diciembre de 1810], ídem, t. I, n. 51, pp. 119-120; *tercer bando por el que se decreta la abolición de la esclavitud*, Guadalajara, 5 de diciembre de 1810, idem, t. II, n. 152, p. 256; *se decreta devolución de tierras a los pueblos indígenas*, Guadalajara, 5 de diciembre de 1810, en Martínez A., José Antonio, *Miguel Hidalgo, Documentos por la independencia*, México, H. Congreso de la Unión, H. Cámara de Diputados, LVIII Legislatura, 2003, p. 100; *se nombra embajador plenipotenciario a Pascasio Ortiz de Letona ante el congreso de Estados Unidos*, Guadalajara, 13 de diciembre de 1810, en Hernández y Dávalos, op. cit., t. II, n. 161, pp. 297-298; *Manifiesto en borrador sobre la autodeterminación de las naciones*, [Guadalajara], diciembre de 1810, en Martínez A., José Antonio, op. cit., pp. 131-132.

---

el primer órgano legislativo integrado por representantes del pueblo democráticamente electos –el Congreso de Anáhuac-, convocado por José María Morelos y Pavón, que declara la división de poderes, se reserva únicamente las atribuciones legislativas, elige al propio Morelos como Generalísimo y encargado de la administración pública, y deposita el Poder Judicial en un Supremo Tribunal de Justicia y en los tribunales existentes.

Así como antes el Licenciado Ignacio López Rayón había dado a conocer su iniciativa constitucional llamada *Elementos Constitucionales* o *38 Puntos para la Constitución*, de la misma manera, Morelos someterá ante el Congreso Constituyente de 1813, para su revisión crítica y debate correspondiente, su proyecto constitucional titulado *Sentimientos de la Nación*.

Corresponderá a este Congreso Nacional expedir numerosas disposiciones jurídicas, entre ellas, el *Decreto Constitucional para la libertad de la América mexicana*, en Apatzingán, el 22 de octubre de 1814, que descansa en el principio de que la soberanía dimana del pueblo; que el pueblo tiene en todo tiempo el derecho incontestable de establecer la forma de gobierno que más le convenga, alterarlo, modificarlo o abolirlo totalmente cuando su felicidad lo requiera; que ninguna nación tiene derecho de impedir a otra el libre uso de su soberanía; que la soberanía es promulgar leyes, aplicarlas y hacer justicia; que la seguridad no puede existir sin que la ley fije los límites de los Poderes, y se consideran tiránicos y arbitrarios los actos ejercidos contra un ciudadano sin las formalidades de ley; que todo ciudadano se reputa inocente, mientras no se declare culpado; que la ley es la expresión de la voluntad general en orden a la felicidad común y que, consecuentemente, debe ser igual para todos; que los poderes legislativo, ejecutivo y judicial no deben ejercerse ni por una sola persona, ni por una sola corporación; que el pueblo elige a los representantes del congreso, a través de elecciones periódicas, y el congreso a los integrantes de los poderes ejecutivo y judicial.

El Estado mexicano se funda en 1810 y se constitucionaliza en 1814, así no haya alcanzado todavía su independencia, para proteger y garantizar a los individuos el disfrute y ejercicio de sus derechos y libertades fundamentales. Tal es su función cardinal. Para eso se crea y no para otra cosa. El Estado es medio y no fin. Por eso, una de sus primeras medidas es la abolición de la esclavitud y la supresión de las castas, así como el reconocimiento de los derechos civiles y de las libertades democráticas a todo el que hubiere nacido en esta tierra, sin distinción de origen racial o social. Todos los habitantes son libres e iguales en derechos. Son ciudadanos todos los nacidos en la Nación -sin distinción de ninguna especie- y los extranjeros naturalizados.

El *Decreto Constitucional* de 1814 declara que la íntegra conservación de estos derechos es el objeto de la institución de los gobiernos y el único fin de las asociaciones políticas; que los derechos de igualdad, seguridad, propiedad y libertad son fundamentales; que la felicidad del pueblo y de cada uno de los ciudadanos consiste en el goce de estos derechos, con especial énfasis en las libertades de pensamiento, de expresión y de prensa, de petición, de cultura, de industria y de comercio; que la instrucción pública es necesaria para todos los ciudadanos y que debe ser favorecida por la sociedad con todo su poder; que la libertad de hablar, discurrir y manifestar sus opiniones por medio de la imprenta no debe prohibirse a ningún ciudadano, a menos que ataque el dogma, turbe la tranquilidad pública u ofenda el honor de los ciudadanos; que a ningún ciudadano debe coartársele la libertad de reclamar sus derechos ante los funcionarios de la autoridad pública, y que no debe prohibirse a los ciudadanos ningún género de cultura, industria o comercio.

La misma Constitución de Apatzingán de 1814 establece que todos los individuos tienen derecho a adquirir propiedades y disponer de ellas a su arbitrio, siempre que no contravengan la ley. Nadie debe ser privado de la menor porción, sino cuando lo exija la pública necesidad, y en este caso, con derecho a la justa compensación.

Sin embargo, se reconocen al mismo tiempo los derechos sancionados por las "leyes antiguas", esto es, los derechos que establecen la *Recopilación de las Leyes de los Reinos de Indias* y demás cuerpos jurídicos vigentes; específicamente, los derechos de la Nación –antes representada por el monarca y ahora por el gobierno del pueblo- así como los derechos de los grupos sociales, especialmente los de las comunidades indígenas -no sólo en materia de propiedad sino también de costumbres y gobierno- y los de las corporaciones eclesiásticas, y se ordena para este efecto que dichas "leyes antiguas" (las de Indias) permanezcan en todo su vigor -salvo las derogadas por el propio *Decreto Constitucional*-, todas las cuales se irán revisando, depurando y actualizando paulatinamente.[35]

4) Constitución de Cádiz, Plan de Iguala y Tratado de Córdoba

La *Constitución Política de la Monarquía Española* de 1812, derogada en 1814 y restablecida en España el 31 de mayo de 1820; el *Plan de Iguala* de 24 de febrero de 1821, y el *Tratado de Córdoba* de 21 de agosto de ese mismo año, constituyen antecedentes legislativos indirectos de Michoacán, no por la participación de un diputado vallisoletano en las Cortes de Cádiz, José de Foncerrada, ni por haber sido michoacano uno de los suscriptores del *Plan de Iguala* y del *Tratado de Córdoba*, Agustín de Iturbide, sino porque los documentos políticos de referencia configuraron, a través de las *diputaciones provinciales*, el perfil político de la Intendencia autónoma de Valladolid, del Estado libre federado de Michoacán y del Departamento de Michoacán.

A nivel de gobierno central, la Constitución de Cádiz establece la división de poderes, puesto que la potestad de hacer las leyes reside en las Cortes con el Rey; la de hacerlas ejecutar, en el Rey, y la de aplicarlas en las causas civiles y criminales, en los tribunales, en nombre del Rey.[36]

Pero dicho principio, válido a nivel central, no

---

[35] *Decreto Constitucional para la libertad de la América mexicana*, Apatzingán, 22 de octubre de 1814, Arts. 2, 3, 4, 5, 6, 7, 9, 11, 12, 13, 18, 19, 24, 28, 30, 34, 35, 37, 38, 39, 40, 48, 103 y 211.

[36] *Constitución Política de la Monarquía Española*, Cádiz, 19 de marzo de 1812, Arts. 15, 16 y 17.

---

descendió a las provincias constitucionales, porque éstas siguieron siendo gobernadas únicamente por el representante del Rey, es decir, por el Jefe Superior; las Intendencias –que formaban parte de dichas provincias constitucionales-, por el Jefe Político, y los Partidos, por los Subdelegados.

Es cierto que se establecieron diputaciones provinciales, no cómo órganos legislativos, sino como apéndices de los titulares del poder ejecutivo local, y que éstas estaban formadas por representantes electos por los ciudadanos, lo que significó teóricamente la intervención del pueblo en los asuntos de gobierno -representado en las provincias constitucionales por el Jefe Superior y en las Intendencias por el Jefe Político-, pero en la práctica, no sirvieron más que para legitimar la recaudación de impuestos.[37]

En septiembre de 1820, pues, al restablecerse la Constitución gaditana en la América Septentrional, desaparecieron el virrey, los intendentes de las intendencias, los gobernadores de las provincias; los corregidores de los corregimientos, y los comandantes militares de las Provincias Internas; se dividió el territorio de la América Septentrional (sin incluir la

---

[37] Las Cortes, en lugar de limitar las atribuciones de los intendentes, se las ampliaron en materia fiscal, autorizándolos a imponer contribuciones "sin necesidad de implorar el auxilio del poder judicial ni otra autoridad". *Decreto número 238 que concede a los intendentes ciertas facultades para la cobranza de contribuciones e impuestos*, mayo 12 de 1821, en Dublán, Manuel y Lozano, José María, *Legislación mexicana o colección completa de las disposiciones legislativas expedidas desde la independencia de la República*,

http://www.biblioweb.dgsca.unam.mx/dublanylozano/, consultada en marzo 2010.

isla de Cuba con las dos Floridas, la parte española de la isla de Santo Domingo y la isla de Puerto Rico con las demás adyacentes a éstas) en seis grandes provincias constitucionales -que de hecho fueron siete-, surgieron los jefes superiores de dichas provincias y fueron instaladas las diputaciones provinciales respectivas.

Las seis provincias constitucionales fueron Nueva Galicia, Mérida, Monterrey, Durango, Guatemala y Nueva España; todas de igual jerarquía, independientes entre sí y sin subordinación de la una respecto de la otra, como si se tratara de diversos reinos, naciones o estados con personalidad jurídica propia.[38] La cuasi provincia de San Luis Potosí (con la de Guanajuato), aunque teóricamente formaba parte de la provincia de Nueva España, se gobernaba a sí misma y estaba virtualmente separada de ésta. Era una excepción.

La provincia constitucional de Nueva España, a su vez, estaba formada por las Intendencias de México, Veracruz, Puebla, Oaxaca y Valladolid, así como por Tlaxcala y Querétaro, que no eran intendencias, y teóricamente, por la intendencia autónoma de San Luis Potosí, que incluía a Guanajuato.

---

[38] "... los veinte consejeros de Fernando VII estuvieron de acuerdo en que, según la Constitución, no podía haber virrey; que el jefe político tenía jurisdicción únicamente sobre las provincias representadas en la diputación provincial con asiento en esa ciudad, y que las demás diputaciones provinciales y sus jefes políticos respectivos eran por completo independientes de él". Lee Benson, Nettie, *La diputación provincial y el federalismo mexicano*, El Colegio de México/Universidad Nacional Autónoma de México, 1955, p. 30.

Por bando de 11 de julio de 1820 se dispuso que se llevaran a cabo elecciones el 18 de septiembre siguiente, para establecer las diputaciones provinciales de la provincia de Nueva España, excluida la intendencia de San Luis Potosí, y con ella, la de Guanajuato; sin embargo, de octubre de 1820 a mayo de 1821 se inició un pujante movimiento para aumentar el número de diputaciones provinciales, en estricto cumplimiento a lo dispuesto por la Constitución de Cádiz, lo que dio lugar a la constitución de entidades de igual jerarquía, sin subordinación de ninguna respecto de la otra e independientes entre sí. El territorio de la América Septentrional empezó a fraccionarse de hecho.

Miguel Ramos Arizpe y José Mariano Michelena, en calidad de diputados suplentes americanos a las Cortes, solicitaron que se estableciera una diputación provincial en Michoacán, con jurisdicción sobre las Intendencias de Valladolid y Guanajuato.[39] Al mismo tiempo, recomendaron que la de San Luis Potosí se formara con la de Zacatecas; proposición que

---

[39] Cuando Manuel Diego Solórzano, uno de los diputados michoacanos a Cortes, informó desde Cuba que regresaría a Veracruz (acababa de proclamarse el *Plan de Iguala*), José Mariano Michelena –que residía en España desde que se había descubierto la conspiración de Valladolid en diciembre de 1809- solicitó ser reconocido diputado, en lugar de aquél, y fue aceptado. Los otros diputados michoacanos fueron Juan Nepomuceno de Gómez Navarrete –que sería después ministro de la Suprema Corte de Justicia de la Nación- y Antonio María Uraga. *España, Cortes*, 1821, *Diario de Sesiones de 1821*, III, núm. 120, 27 de junio de 1821, p. 2536, en *México y las cortes españolas 1810-1822*, ocho ensayos, introducción de Lee Benson, Netttie, Instituto de Investigaciones Legislativas, Cámara de Diputados, LII Legislatura, México, 1985, p. 40, nota *d* al pie de página.

fue aprobada el 2 de noviembre siguiente.[40] De este modo, Valladolid pasó virtualmente de Intendencia a cuasi provincia constitucional, y su Jefe Político, a Jefe Superior, es decir, se convirtió en otra excepción, como San Luis Potosí; pero el movimiento no se concretó, porque las Cortes no giraron el decreto respectivo a las autoridades de Nueva España.

5) La diputación provincial de Valladolid

El 21 de febrero de 1821, "el presidente del ayuntamiento de Valladolid manifestó a aquel cuerpo [la diputación provincial de Nueva España], que habiendo recibido noticia oficial, por medio de la *Gazeta del Gobierno* [de Madrid] que las Cortes habían aprobado la *diputación provincial* de Valladolid, solicitara a Apodaca [jefe superior, antes virrey] que aplicase inmediatamente el decreto, a fin de que las elecciones se llevaran a efecto en marzo".[41]

A pesar de que Apodaca y la diputación provincial argumentaron que no podían hacer nada, porque no habían recibido ninguna comunicación oficial de las Cortes, el Ayuntamiento de Valladolid, tomando en cuenta la necesidad de tener una diputación provincial propia, y de que constaba por Gacetas y pape-

---

[40] España, Leyes, Reglamentos, etc., *Colección de los decretos y órdenes generales de la primera legislatura de las Cortes ordinarias de 1820 y 1821* (desde el 6 de julio hasta 9 de noviembre de 1820), VI, p. 295, en Lee Benson, Nettie, *La diputación provincial y el federalismo mexicano*, p. 64, nota 17 al pie de página.

[41] Diputación Provincial de Nueva España, *Actas de la diputación provincial de Nueva España*, 1820-1821, p. 253, en Lee Benson, Nettie, **México y las cortes españolas**, p. 71, nota 36 al pie de página.

les oficiales estar así decretado, pidió al Intendente o Jefe Político de la Intendencia de Valladolid que se sirviera ordenar la elección de dicha corporación.[42]

Así se hizo y el 12 de marzo de 1821 fueron electos cuatro diputados propietarios y dos suplentes; pero la Diputación Provincial no se instaló, porque el 31 de mayo siguiente, el Jefe Superior Apodaca informó a la Diputación Provincial de la Provincia de Nueva España, que el comandante de Valladolid se había sumado al Plan de Iguala -proclamado por Agustín de Iturbide y Vicente Guerrero-, al igual que la Provincia de Guanajuato, y el 5 de julio siguiente renunció a su cargo y se lo transfirió a Francisco Novella.

En México se formó una Junta provisional de Gobierno conforme al Plan de Iguala, "ínterin se reúnen Cortes".[43] El Tratado de Córdoba de 24 de agosto de 1821, por su parte, firmado por Agustín de Iturbide y Juan O'Donojú -representantes de América y España respectivamente- dispone que la junta a la que se refiere el Plan de Iguala, se llame Junta Provisional Gubernativa; que ésta gobierne interinamente, conforme a las leyes vigentes (esto es, las leyes españolas e indianas, incluidas la Constitución de Cádiz y las Leyes de Indias) en todo lo que no se opongan al Plan de Iguala y al Tratado de Córdoba, y que dicha Junta nombre una Regencia compuesta por tres personas.[44]

---

[42] Ibidem, p. 71.

[43] *Plan de Iguala*, 24 de febrero de 1821, Art. 5.

[44] *Tratado de Córdoba*, 21 de agosto de 1921, Arts. 7, 9, 11, 12,

La Junta Provisional Gubernativa se instaló, nombró la Regencia, y ésta, a su vez, asumió el Poder Ejecutivo y eligió Presidente a Agustín de Iturbide. Dicha Regencia gobernó en nombre de Fernando VII, no en calidad de rey de España, sino de presunto o virtual emperador de México, y dispuso que se convocara a las Cortes mexicanas conforme al método que determinara la Junta Provisional Gubernativa.

El Poder Legislativo residiría en las Cortes (mexicanas); pero mientras éstas se reunían, estaría depositado en la propia Junta Provisional Gubernativa, que quedó encargada de expedir la convocatoria respectiva.

6) Las Diputaciones Provinciales 1821-1823

El 21 de noviembre de 1821, la Regencia, bajo la Presidencia de Agustín de Iturbide, convocó a elecciones para constituir las Cortes (mexicanas) y, de paso, diputaciones provinciales donde no las hubiera.[45] De este modo, el país se fraccionó legalmente en múltiples entidades políticas, aunque unido por una autoridad central. Y como en Valladolid no había diputación provincial, porque la electa nunca había sido instalada, se aprovechó la elección a Cortes para elegir igualmente dicha diputación, que fue instalada

---

13 y 14.

[45] *Decreto número 257 sobre convocatoria a Cortes*, noviembre 17 de 1821, en Dublán, Manuel y Lozano, José María, op. cit. De los diputados que se eligieran, tres debían tener calidades especiales: "un eclesiástico del clero secular, otro militar natural o extranjero, y otro magistrado, juez de letras o abogado". Además, la provincia de Michoacán también debía elegir forzosamente un labrador.

el 1º de febrero de 1822, siendo Intendente y Jefe Político Ramón Huarte.

Estando en espera de la respuesta de Fernando VII o algún otro miembro de la casa real de España, sobre su aceptación o no al trono imperial de México, el Congreso Constituyente se reunió en una sola cámara el 24 de febrero de 1822 -no en dos como estaba previsto en la convocatoria- y adoptó como forma de gobierno la monarquía moderada constitucional, con la denominación de Imperio Mexicano.[46]

Además, aprobó unas *Bases Constitucionales*, según las cuales, "no conviniendo queden reunidos el poder legislativo, ejecutivo y el judiciario", se depositan, el primero, en el Congreso; el segundo, en la Regencia, "y el Judiciario, en los tribunales existentes".[47] De esta suerte, aunque no se declaró expresamente la división de poderes, la forma de gobierno imperial se organizó conforme a dicho principio.

Habiendo quedado constitucionalmente establecido el Imperio Mexicano, y al no aceptar el trono de México Fernando VII ni ningún otro de los príncipes de la casa real española, el Constituyente decidió, con

---

[46] *Bases Constitucionales aceptadas por el Segundo Congreso Mexicano*, de 24 de febrero de 1822, párrafo tercero. Se tituló "segundo" congreso, no Cortes Mexicanas, como estaba mandado por la convocatoria, ni primer congreso o simplemente congreso, probablemente porque éste dio por válido el primer congreso instalado en Chilpancingo en 1813 que promulgó la Constitución de Apatzingán de 1814. Más tarde, por decreto de 8 de abril de 1823, el "segundo congreso" derogaría el párrafo tercero de las *Bases Constitucionales* que habían establecido el imperio, dejando abolida esta forma de gobierno.

[47] Ibidem, párrafo quinto.

fecha 19 de mayo de 1822, elegir Emperador a Agustín de Iturbide; pero pronto ocurrieron conflictos entre los dos Poderes -el Congreso y el Emperador-, hasta que su confrontación se resolvió el 31 de octubre de 1822 con la disolución del Congreso por parte del Emperador, quien formó su propia asamblea representativa, a la que tituló Junta Nacional Instituyente.

El 18 de diciembre de 1822, la Junta Nacional Instituyente, formada por un conjunto de diputados del Congreso disuelto, adictos a Iturbide o que aceptaron apoyarlo, expidió el *Reglamento Político Provisional del Imperio Mexicano*, que, según Tena Ramírez, se expidió el 23 de febrero de 1823.

Dicho ordenamiento dispone que se mantengan las diputaciones provinciales, lo mismo que los jefes políticos, los ayuntamientos y demás autoridades constituidas, así como todas las leyes en vigor, y al mismo tiempo, declara abolida en todo el imperio la Constitución Política de la Monarquía Española y las leyes españolas, mientras no sean readaptadas por una comisión.[48]

El 1º de febrero de 1823 estalló un movimiento político conforme al Plan de Casa Mata, que pidió la reunión de un nuevo Congreso Constituyente. La propuesta implicaba que las instituciones establecidas carecían de legitimidad y validez, y que todo lo hecho, debía ser deshecho, antes de ser rehecho. De este modo, se desconoció no sólo a la Junta Nacional

---

[48] *Reglamento Político Provisional del Imperio Mexicano*, 23 de febrero de 1823, artículos 1, 2, 87 y 91.

Instituyente, a la Junta Gubernativa, a la Regencia, al Imperio Mexicano y al Emperador Constitucional, sino también al propio Congreso Constituyente.

El 3 de marzo de 1823, la Diputación Provincial de Valladolid hizo saber al cabildo metropolitano de la ciudad de México que había tomado a su cargo el control de la Provincia, en calidad de autoridad suprema, con independencia del gobierno central. Eso fue desconocer *de facto* la autoridad del Emperador. Al día siguiente Francisco Argándar, diputado michoacano a la Junta Nacional Instituyente –que había sido diputado del Congreso Constituyente disuelto- leyó un manifiesto de la Diputación Provincial de Valladolid a los miembros de la Junta Nacional Instituyente, por el que les hizo saber que la Provincia que representaba se había adherido al Plan de Casa Mata, y que, en cumplimiento de las instrucciones que había recibido, había desconocido a dicha Junta y respaldaba la propuesta de que se convocara un nuevo Constituyente.

El emperador Agustín de Iturbide reinstaló el Congreso disuelto. De ese modo, dejó de existir la Junta Nacional Instituyente. Sin embargo, las entidades políticas del país, a través de sus diputaciones provinciales, rechazaron la validez de la reinstalación y apoyaron el proyecto de que se reuniera un nuevo Constituyente. Abatido, pues, por no encontrar ningún apoyo, el Emperador abdicó el 19 de marzo, ante el Congreso reinstalado.

No habiendo monarquía y no existiendo emperador, quedó en pie la república *de facto*, pero no congregada alrededor de una autoridad central, sino disgregada en las diputaciones provinciales -aunque con vocación de unir a las partes en un todo único-; en todo caso, quedó una república federal *de facto* sin una autoridad coordinadora del conjunto.

Diez días después, el Congreso nombró un Supremo Poder Ejecutivo formado por tres miembros, Nicolás Bravo, Pedro Celestino Negrete y Guadalupe Victoria, en lugar del Emperador; pero la Nación no reconoció ni este supuesto supremo poder, ni el Congreso reinstalado, más que en asuntos de trámite, no de fondo, porque ya había hecho conocer su voluntad, que era, no sancionar los actos del antiguo Constituyente, sino convocar uno nuevo.[49]

7) Las diputaciones provinciales asumen el Poder

Dice Tena Ramírez que "iniciado el nuevo régimen que substituyó al monárquico [es decir, al imperial], las provincias quedaron de hecho independientes del gobierno central y bajo la dirección de sus diputaciones, ya que la reinstalación del primitivo Congreso no llegó a ser centro de unidad y de autoridad... La asamblea hubo de ceder paulatinamente ante los amagos separatistas de las provincias..."[50]

---

[49] *Reunión del Congreso y cesación del Poder Ejecutivo existente desde el 19 de mayo de 1822; denominación del gobierno, número de individuos de que se ha de componer, sus tratamientos y otras providencias, y nombramiento de los individuos que han de componer el Poder Ejecutivo*, Decretos 316, 317 y 318, respectivamente, de marzo 31 de 1823, en Dublán y Lozano, op. cit.

[50] Felipe Tena Ramírez, *Leyes Fundamentales de México*, 1808-1989, editorial Porrúa, México, 1989, pp. 146-147.

El 7 de mayo, en efecto, la Diputación Provincial de Valladolid expresó "clara y enérgicamente" la necesidad de convocar a una nueva asamblea constituyente, según el Plan de Casa Mata, e instruyó a sus diputados para que hicieran saber al Congreso reinstalado que, en lo sucesivo, sería reconocido como convocante, mas no como constituyente.[51]

Mientras tanto –agrega Tena Ramírez-, *se sucedían apresuradamente los acontecimientos desfavorables al Congreso. El 5 de junio de 23 la diputación provincial de Guadalajara [también] declaró que reconocía provisionalmente al Congreso de México sólo en calidad de convocante y al Ejecutivo en lo que resolviera para todo el país, pues en lo relativo a Guadalajara, sólo sería obedecido en cuanto conviniera con la misma. Siete días más tarde, la propia diputación convocó a las provincias de Guanajuato, Querétaro y San Luis para instalar, con sus representantes, un Congreso que tomara las riendas del gobierno, en caso de que faltara el de México... A Guadalajara siguieron Oaxaca, Yucatán y Zacatecas, cuyas diputaciones provinciales asumieron el gobierno local con independencia del de México... En las demás provincias continuó propagándose la tendencia federalista, con el correspondiente desconocimiento del gobierno central.*[52]

Tomando en cuenta lo anterior, el 12 de junio siguiente el Congreso reinstalado aprobó lo que se llama "el Voto del Congreso":

---

[51] *La águila mexicana*, 20 de mayo de 1823, en Lee Benson, Nettie, *La diputación provincial y el federalismo mexicano*, pp. 160-161, nota 33 al pie de página.

[52] Felipe Tena Ramírez, op. cit., pp. 146-147.

El soberano Congreso Constituyente, en sesión extra-ordinaria de esta noche, ha tenido a bien acordar que el gobierno puede proceder decir a las provincias *estar el voto de su soberanía por el sistema de república fe-derada, y que no lo ha declarado en virtud de haber decretado se forme convocatoria para nuevo Congreso que constituya a la nación.*[53]

La ley electoral de 17 de junio de 1823, expedida por el Congreso, dispone que se celebren elecciones al nuevo Constituyente y que se renueven todas las diputaciones provinciales. Al tenor de dicha convo-catoria, la Provincia de Valladolid eligió diputados al Congreso Constituyente y renovó su diputación pro-vincial, como lo hicieron las demás entidades, excep-to Jalisco, Zacatecas, Yucatán y Oaxaca, que ya ha-bían transformado dichas diputaciones provinciales -por decisión soberana- en legislaturas estatales, y Chiapas, que había declarado su independencia ab-soluta, aunque por escasos días.

La diputación provincial de Valladolid se instaló en septiembre de 1823 compuesta por siete propieta-rios y tres suplentes. Sería la última. A ella corres-pondería convocar al primer Congreso Constituyente del Estado de Michoacán, en el marco de la república democrática representativa federal, conforme al Acta Constitutiva de la Federación Mexicana y la Consti-tución Política de los Estados Unidos Mexicanos, de 1824.

---

[53] *Voto por la forma de república federada*, junio 12 de 1823.

8) La legislación local

Excluyendo las aportaciones que se hicieron a la nación durante la guerra de independencia, desde Miguel Hidalgo y Costilla en 1810 hasta el Congreso convocado por José María Morelos y Pavón en 1813, la experiencia legislativa de Michoacán -en su proyección netamente local-, aunque empezó con las resoluciones de las diputaciones provinciales, se consolidó y adquirió importancia histórica, jurídica y política, al establecerse la República Federal en 1824.

Las diputaciones provinciales habían jugado un papel relevante en el pasado inmediato; pero, en primer lugar, habían sido de escasa duración, y en segundo, nunca fueron órganos legislativos propiamente dichos, sino cuerpos dependientes del Ejecutivo local, cuya función principal había sido asesorar en diversas materias a los Jefes Superiores de las Provincias Constitucionales; fueron, pues, una especie de Consejo de Gobierno, y específicamente, según la Constitución de Cádiz, órganos de apoyo de los gobernantes locales, a pesar de que sus integrantes eran electos por el pueblo; es decir, órganos consultivos que se habían convertido *de facto*, al calor de los acontecimientos, en órganos políticos, al tomar el poder total de las provincias en las postrimerías del imperio. Esta misma figura jurídica, la de órgano consultivo formado por miembros electos por el pueblo, se mantendrá con el nombre de Consejo de Gobierno, en la Constitución Política del Estado libre federado de Michoacán, de 1825.

Los Congresos, en cambio, serán órganos legislativos, estrictamente hablando, con amplísimas facultades para legislar, sin más límites que las que ellos mismos se fijen constitucionalmente, y muy celosos del principio básico del sistema federal, según el cual todas las atribuciones no concedidas expresamente a los Poderes de la Federación, están reservadas a los Estados.

Los congresos, pues, serán uno de los tres Poderes del Estado, inclusive el principal de los Poderes, con atribuciones no sólo legislativas, sino también de vigilancia y control sobre los otros dos Poderes. Por tal razón, todas las constituciones políticas empiezan con ellos y los mencionan en primer lugar. Esta preeminencia se puso de manifiesto hasta en las cuestiones de protocolo. El 24 de septiembre de 1824, por ejemplo, el decreto número 23 del Constituyente de Michoacán dispuso que, con motivo de la iniciación y de la consumación de la independencia nacional, "el Gobernador felicite al Congreso los días 16 y 27 de septiembre y que el Gobernador sea felicitado por las demás autoridades y corporaciones". Y así sucesivamente.

Ninguna disposición jurídica de Michoacán anterior a 1824 aparece en el *Índex*, como no apareció tampoco en la *Recopilación* de Amador Coromina. Los numerosos ordenamientos jurídicos en todas las materias, que integraban el vasto sistema jurídico nacional ordinario, después de haber formado parte de los sistemas jurídicos indiano y español, se encontraban reunidos, como ya se dejó expuesto, en otras recopilaciones o "códigos".

9) Del Derecho Público al Derecho Privado

La herencia jurídica que se había recibido era riquísima, abundante y compleja, tanto en el área pública como en la privada y tanto en el orden civil como en el criminal.

Todas esas disposiciones jurídicas servirán de marco y fundamento a las decretadas por los legisladores michoacanos, bien para actualizar unas o desarrollar otras, o bien para readaptarlas a las condiciones del lugar y de la época, o bien para suprimirlas y reemplazarlas por nuevas.

Dichas disposiciones antiguas, dicho sea de paso, también sirvieron de marco y fundamento a los legisladores del Congreso de la Unión para levantar el andamiaje jurídico del Distrito y Territorios Federales -y de toda la República en materia federal- así como a los Congresos generales de los regímenes constitucionales centralistas para uniformar los cuerpos jurídicos de la Nación Mexicana.

Los legisladores michoacanos, pues, no partieron de la nada; al contrario, desplegaron sus velas y navegaron en las profundas y variadas aguas de los mares jurídicos tradicionales -que se habían hinchado a través de los siglos- y se valieron del empuje y fuerza de sus oleajes, para avanzar en todas direcciones, según lo reclamaran el modo, tiempo, lugar y demás circunstancias de esta entidad federativa, llevando como brújula la Ley Fundamental de la República y la particular del Estado.

Sin embargo, se presentó un dilema fundamental

desde el momento en que intentó establecerse el nuevo sistema jurídico, en parte, para negar el precedente, y en parte, para reafirmarlo de otro modo. El Estado era un cuerpo político que debía estar formado por individuos, no por otros cuerpos; por consiguiente, era necesario desplazar estos otros cuerpos de la esfera gobernante a la de los gobernados.

El antiguo sistema político se había basado no sólo en la ley, en particular, sino en el Derecho, en general, incluyendo usos y costumbres, jurisprudencia, doctrina y principios generales, y la función más importante del Estado era la justicia, más que el cumplimiento de la ley. Por eso, cuando se preveía que una ley del monarca podría provocar disturbios innecesarios en el reino americano, se respetaba, pero antes de cumplimentarla, se interponía el recurso de súplica ante la máxima autoridad, a fin de evitar su aplicación. Si el recurso prosperaba, se suspendía indefinidamente, y si el monarca reafirmaba su vigencia, era aplicada.

Aunque el Estado novohispano o reino de Nueva España descansaba en las diversas y múltiples fuentes del Derecho y estaba sostenido supletoriamente por la legislación española y los principios deducidos de la tradición jurídica románico-gótica, prevalecían las Leyes de Indias y demás ordenamientos jurídicos que habían sido promulgados en forma casuística por el monarca absoluto -supremo y único legislador-, y sus normas habían sido interpretadas y aplicadas por sus empleados, sin desdeñar las otras fuentes del Derecho, para conservar y fortalecer el orden público. Los órganos de justicia -las audiencias-, que siempre habían sido los supremos intérpretes del Derecho, habían sido al mismo tiempo órganos de consulta del virrey, y eventualmente, si las condiciones lo reclamaban, órganos gubernativos provisionales.

La república independiente, en cambio, sea cual fuere su forma de gobierno, aspirará reducir el Derecho a la ley y tratará de fundarse predominantemente –aunque no exclusivamente- en ésta, para normar sus actividades. De acuerdo con la nueva teoría del Estado, la función más importante del Poder Público será la legislación -independientemente del órgano que la promulgue-, y la legislación, a su vez, será la máxima expresión de la justicia. Por eso, además de la estricta separación de los poderes, el poder legislativo no sólo monopolizará la función legislativa, incluyendo su interpretación, sino también ejercerá su vigilancia y control sobre los otros dos poderes e incluso nombrará a sus titulares o integrantes, o participará en su designación.

Si antes los jueces habían sido los supremos intérpretes de la ley, ahora lo serán los legisladores, conforme al principio de que sólo quien hace la ley, sabe lo que ésta significa. De ese modo, durante todo el siglo XIX, cada vez que el poder judicial tenga dudas acerca del sentido de una norma jurídica, la someterá a la consideración del poder legislativo, para que esclarezca su auténtico significado.

El nuevo sistema funcionará eficazmente cada vez que descanse en la Constitución Política y las leyes que de ella dimanan, y se renovará sin problemas conforme al nuevo orden jurídico que empiece a generar; primero, en materia de derecho público, y luego, de derecho privado; pero resultará fuertemente sacudido por las instituciones que en el pasado habían formado parte del Estado, o más bien, que habían sido privilegiadas por el Estado, principalmente las corporaciones eclesiásticas, que se esforzaban por conservar sus esferas de influencia dentro de las nuevas estructuras políticas y de seguir poniéndolas a su servicio para proteger su *status*.

Luego entonces, la prioridad de los legisladores del Estado mexicano será elaborar disposiciones de derecho público que establezcan nuevas relaciones entre el Estado y los gobernados; una de las cuales será subordinar formalmente todas las antiguas instituciones, sin excepción, incluyendo los cuerpos eclesiásticos, a los Poderes del Estado, o dicho de otro modo, de desplazar dichas instituciones del espacio de los gobernantes para situarlas en el de los gobernados. Luego darán atención al nuevo derecho privado.

Esta agenda legislativa a largo plazo durara medio siglo. Efectivamente, sólo después de la Reforma, la Intervención y el Imperio, afianzados los nuevos principios de derecho público coordinados por el gobierno federal y apoyados por los órganos políticos locales, se empezará a atender -a partir de la década de los setenta del siglo XIX- la legislación ordinaria en lo civil y en lo criminal, a través de la moderna codificación –civil, penal, mercantil y de procedimientos- y al mismo tiempo, se iniciará el proceso de transferencia de varias materias privativas de los Estados a la jurisdicción federal.

10) Las etapas históricas del primer tomo del *Index*

Todos los órganos legislativos michoacanos del siglo XIX –legislaturas constitucionales, juntas departamentales y asambleas departamentales- tuvieron dos años de duración, aunque hubo excepciones; pero de 1879 a 1915 no habrá excepción alguna.

A diferencia de las Legislaturas del Congreso de la Unión, que empiezan a contarse a partir de 1857, las del Estado de Michoacán de Ocampo han seguido un ininterrumpido orden progresivo de 1825 al presente, a pesar de los cambios de sistema político que hubo de 1836 a 1846 y de 1853 a 1855, así como de los recesos en que el Poder Legislativo se declaró o fue disuelto en los periodos de 1855 a 1857, 1858 a 1860, 1864 a 1867 y 1915 a 1917.

Esta división de las etapas históricas, por irregular, desproporcionada o caprichosa que parezca, es el resultado de los cambios, a veces paulatinos, graduales y continuos, a veces radicales, violentos y profundos, que ocurrieron en materia jurídica y política de la tercera década del siglo XIX a la segunda década del XX, es decir, de 1824 a 1915. En aras de la precisión, dichos cambios son las siguientes:

A. Estado libre federado de Michoacán. Primera República Federal. 1824-1835.

B. Departamento de Michoacán. Primera República Centralista y primera dictadura. 1836-1842/43.

C. Departamento de Michoacán. Segunda República Centralista. 1843-1846.

D. Estado libre federado de Michoacán. Restablecimiento de la primera República Federal, reformada. 1846-1853.

E. Departamento de Michoacán *de facto*. Segunda dictadura. 1853-1855.

F. Restablecimiento *de facto* del Estado de Michoacán. Plan de Ayutla, Presidentes interino y sustituto de la República, y Congreso Extraordinario Constituyente. 1855-1857.

G. Estado libre y soberano de Michoacán (de Ocampo). República federal. Leyes de Reforma. 1857-1863.

H. Estado de Michoacán de Ocampo. República federal. Restablecimiento del orden. Preparativos de guerra. Intervención francesa y establecimiento del Imperio. 1863-1867.

I. Estado libre y soberano de Michoacán de Ocampo. República federal restaurada. 1867-1917.

Ahora bien, el primer volumen se divide en ocho capítulos, advirtiéndose que estos no corresponden necesariamente a dichas etapas -aunque las incluya a todas- sino a la necesidad de formar conjuntos de dimensiones semejantes, en la medida de lo posible, que se organizaron del siguiente modo:

Capítulo I. Estado libre federado de Michoacán. República federal. 1824-1935.

Capítulo II. Departamento de Michoacán. Las dos Repúblicas Centralistas y la primera Dictadura:

1836-1842/43 y 1843-1846. Estado libre federado de Michoacán. República federal reformada: 1846-1853. Departamento *de facto*. Segunda Dictadura: 1853-1855. Restablecimiento *de facto* del Estado federado. Plan de Ayutla y Congreso Extraordinario Constituyente: 1855-1857.

Capítulo III. Estado libre y soberano de Michoacán (de Ocampo). República federal, proceso de Reforma: 1857-1861; restablecimiento del orden constitucional; preparativos de guerra: 1861-1863; intervención francesa e imperio de Maximiliano: 1863-1867.

Capítulo IV. Estado libre y soberano de Michoacán de Ocampo. República restaurada: 1867-1875.

Capítulo V. Estado libre y soberano de Michoacán de Ocampo. La décima séptima Legislatura: 1875 a 1879. De la décima octava a la vigésima cuarta Legislatura Constitucional: 1879-1892.

Capítulo VI. Estado libre y soberano de Michoacán de Ocampo. De la vigésima quinta a la vigésima octava Legislatura Constitucional: 1892-1900.

Capítulo VII. Estado libre y soberano de Michoacán de Ocampo. De la vigésima novena a la trigésima quinta Legislatura Constitucional: 1900-1910.

Capítulo VIII. Estado libre y soberano de Michoacán de Ocampo. Del régimen constitucional al régimen revolucionario: 1910-1917.

Los temas tocados por los órganos legislativos de

Michoacán en el periodo 1824-1917 fueron clasificados y analizados por el equipo de investigación al que se hizo referencia en las primeras páginas de este proemio. Otros temas que atrajeron la atención de las autoridades legislativas en el periodo 1917-2010 fueron oportunamente identificados y organizados por dicho personal.

Por lo pronto, del 6 de abril de 1824 al 8 de julio de 1917, los diversos órganos legislativos del Estado produjeron un total de 4393 disposiciones jurídicas, menos 4 repetidas por error, más 51 no contempladas en la bibliografía especializada en la materia, para hacer un total de 4440.

11) Capítulo I. Estado libre federado de Michoacán

El capítulo I del *Índex* cronológico está formado por las disposiciones jurídicas que fueron producidas por el Congreso Constituyente de Michoacán de 1824-25 y por seis Legislaturas Constitucionales de 1825 a 1835, en el marco del *Acta Constitutiva de la Federación Mexicana* y de la *Constitución Federal de los Estados Unidos Mexicanos* de 1824 así como de la *Constitución Política del Estado libre federado de Michoacán* de 1825.

Durante estos once años y medio, que corrieron del 6 de abril de 1824 al 10 de octubre de 1835, se produjeron 569 disposiciones jurídicas (menos una repetida): 56 por el Congreso Constituyente; 45 por la primera Legislatura Constitucional; 125 por la segunda; 119 por la tercera; 73 por la cuarta; 102 (menos una repetida) por la quinta, y 49 por la sexta.[54]

Constituyente. El Constituyente promulgó, del 6 de abril de 1824, en que se instaló, al 21 de julio de 1825, en que se disolvió, no sólo la Constitución Política del Estado libre federado de Michoacán, sino también 55 leyes constitucionales y disposiciones jurídicas ordinarias; entre ellas, el Reglamento Interior del Congreso, la Ley de Clasificación de Rentas en el Estado, el Reglamento para el establecimiento y la organización de los Ayuntamientos y la Ley Orgánica Electoral.

I Legislatura. La primera Legislatura Constitucional funcionó del 13 de agosto de 1825 al 13 de agosto de 1827 y expidió 45 disposiciones; entre ellas, los nombramientos del Gobernador y Vicegobernador así como de Ministros y Fiscal del Supremo Tribunal de Justicia, y la Ley Orgánica para elegir el II Congreso y renovar el Consejo de Gobierno.

II Legislatura. La segunda Legislatura Constitucional desempeñó sus actividades del 22 de agosto de 1827 al 27 de julio de 1829 y expidió 125 disposiciones; entre ellas, hacer saber la fórmula para dar libertad a los esclavos; ordenar que médicos y cirujanos expidan recetas en idioma vulgar y sin abreviaturas; mandar que se impriman en tomos las leyes de las Legislaturas anteriores; decretar la expulsión de españoles; expedir la Ley de Colonización; reglamentar la Ley de la Contaduría General de Hacienda, y suprimir a la capital del Estado el nombre de Vallado-

---

[54] En realidad son 568 en total, no 569, ya que está repetida la disposición 452 de la Quinta Legislatura Constitucional.

lid y reemplazarlo por el de Morelia.

III Legislatura. La tercera Legislatura Constitucional operó del 18 de agosto de 1829 al 3 de agosto de 1831 y expidió 119 disposiciones; entre ellas, facultar al Gobierno para formar, armar, equipar y poner sobre las armas a la Milicia Cívica; conceder facultades extraordinarias al Gobierno para perseguir y castigar a los ladrones; reafirmar la expulsión de españoles; asignar un sueldo a las familias pobres que se queden; declarar una amnistía general para celebrar el triunfo de las armas nacionales en Tampico; promulgar la ley que establece la cátedra de Medicina, y reproducir los decretos de las Cortes (españolas) de 1811 sobre responsabilidades.

IV Legislatura. La cuarta Legislatura Constitucional funcionó del 19 de agosto de 1831 al 3 de enero de 1833 y expidió 73 disposiciones; entre ellas, autorizar al Gobierno para adquirir, conservar y administrar la vacuna; legislar sobre consejos de guerra y alojamiento de tropas así como sobre juicios verbales y vagancia; dividir el territorio del Estado en departamentos, partidos, municipalidades y tenencias; reformar la Constitución; establecer la Contaduría General de Glosa; restablecer el Colegio de San Nicolás, y declarar disuelto el Congreso por no poder seguir ejerciendo sus actividades.

V Legislatura. La quinta Legislatura Constitucional desempeñó sus labores del 5 de enero de 1833 al 20 de noviembre de 1834 y expidió 102 disposiciones (menos una repetida[55]), entre ellas, establecer la

---

[55] En realidad son 101 en total, no 102, ya que la disposición 452

Facultad Médica de Michoacán; autorizar el traslado del Congreso a Celaya; nombrar Gobernador interino por secuestro del titular; conceder facultades extraordinarias al Gobierno para la conservación del sistema federal; autorizar el regreso del Congreso a Morelia; facultar al Ejecutivo para precaver los estragos del Cólera; obligar a los médicos y estudiantes a asistir a los lazaretos establecidos para los enfermos; aclarar el sentido de varias disposiciones de distinta jerarquía; facultar al Gobierno para poner a la Capital en estado de defensa frente a los sublevados; facultarlo para contratar la compostura y mejora de los caminos; facultarlo para establecer una Casa de Moneda, y promulgar la Ley Orgánica de los Tribunales del Estado.

VI Legislatura. La sexta Legislatura Constitucional sesionó del del 2 de enero al 10 de octubre de 1835 y expidió 49 disposiciones; entre ellas, suspender los nombramientos en las plazas vacantes; declarar la legitimidad del Congreso; reglamentar la clasificación y reconocimiento de la deuda pública; nulificar las reformas constitucionales; ampliar el término constitucional en las causas de conspiración; establecer jurados y procedimientos para juzgar a los ladrones en gavilla; declarar sedicioso, atentatorio y subversivo cualquier acto que desconozca a los Poderes legítimos; declarar que los delitos militares están sujetos en tiempos de guerra a la jurisdicción militar, y los delitos comunes, a los jueces ordinarios; imponer gravámenes a la producción de oro y plata cuando se extraiga del Estado, y nombrar a los Vocales que habrán de formar parte de la primera Junta Departa-

está repetida.

mental.

12) Capítulo II. Del centralismo al federalismo

El Capítulo II está formado por las disposiciones jurídicas que produjeron tres Juntas Departamentales de 1836 a 1843, en el marco de las Siete Leyes Constitucionales de 1836 y de la *primera* Dictadura, bajo la cual se reunió el Congreso Extraordinario Constituyente en 1842; tres Asambleas Departamentales de 1843 a 1846, en el marco de las Bases Orgánicas de 1843; cuatro Legislaturas Constitucionales de 1846-47 a 1853, en el marco de la Constitución Federal de los Estados Unidos Mexicanos, reformada en 1847, así como de la Constitución Política del Estado libre federado de Michoacán; la *segunda* Dictadura *de facto* de 1853-55, durante la cual no existió ningún marco constitucional, y el régimen revolucionario de 1855-57, derivado del Plan de Ayutla, en el marco de una Presidencia de la República de carácter interino y el Congreso Extraordinario Constituyente.

Durante este periodo se produjeron 475 disposiciones jurídicas (más 5 no listadas por Coromina), de las cuales 116 (más 5) corresponden a regímenes centralistas o dictatoriales y 359 al federal o al revolucionario; distribuidas del siguiente modo: 7 expedidas por la primera Junta Departamental; 16 por la segunda, y 22 por la tercera; 31 (más 5 no listadas por Coromina) por la primera Asamblea Departamental; 5 por la segunda, y 16 por la tercera; 97 por la séptima Legislatura Constitucional; 56 por la octava; 82 por la novena, y 70 por la décima; 19 por la segunda Dictadura, y 54 por el régimen revolucionario derivado del Plan de Ayutla.

1ª **Junta Departamental**. Funcionó del 30 de diciembre de 1835 al 18 de marzo de 1837 y no produjo más que 7 disposiciones; entre ellas, prorrogar la ley promulgada por la Sexta Legislatura Constitucional que establece jurados para juzgar a los ladrones en gavilla, y ordenar que se reciba la moneda de cobre con descuento, sin alterar el precio de los efectos de mayor consumo.

2ª **Junta Departamental**. Sesionó del 22 de marzo de 1837 al 12 de octubre de 1838 y expidió 16 disposiciones; entre ellas, dividir el territorio del Departamento en distritos y partidos; ordenar que continúen los establecimientos de instrucción pública, y establecer reglas para uniformar los pesos y medidas así como para formar un Banco Nacional.

3ª **Junta Departamental**. Operó del 15 de noviembre de 1838 al 6 de octubre de 1843, aún después de haber sido derogadas las Siete Leyes Constitucionales, es decir, durante la primera Dictadura, bajo la cual se reunió el Congreso Extraordinario Constituyente de 1842, disuelto por ella misma, y expidió 22 disposiciones; entre ellas, establecer una nueva división territorial del Departamento; ordenar que los estudios de Medicina y Cirugía continúen bajo las leyes decretadas por el "extinguido" Estado; establecer los aranceles de honorarios para Abogados, Escribanos, Médicos y Cirujanos, y reglamentar el funcionamiento del Tribunal Mercantil de Morelia.

1ª **Asamblea Departamental**. Funcionó del 8 de diciembre de 1843 al 8 de octubre de 1845 y produjo 31 disposiciones (más 5 no listadas por Coromina), entre ellas, publicar todos los decretos en el periódico oficial del Departamento; reglamentar el gobierno interior de la Asamblea; organizar un cuerpo de policía con el nombre de Seguridad Pública, y establecer una "Tesorería particular de Michoacán".

2ª Asamblea Departamental. Sesionó del 24 de octubre de 1845 al 22 de abril de 1846 y expidió 5 disposiciones jurídicas; entre ellas, excitar el patriotismo de los ciudadanos para defender las instituciones, y protestar por el Plan de San Luis firmado por Mariano Paredes y Arrillaga.

3ª Asamblea Departamental. Llevó a cabo sus actividades del 22 de abril al 17 de noviembre de 1846 y produjo 16 disposiciones en el marco de la guerra contra Estados Unidos; entre ellas, auxiliar al Gobierno de la República con 5 mil pesos mensuales, y restablecer las instituciones del extinguido Estado, principalmente el Supremo Tribunal de Justicia, los juzgados de 1ª instancia y demás autoridades judiciales; formar los padrones de la Guardia Nacional previstos por las restablecidas Constitución Federal de 1824 y Constitución Política del Estado libre federado de Michoacán, y establecer reglas para elegir Gobernador del Estado, Vicegobernador y Consejo de Gobierno.

VII Legislatura. La séptima Legislatura Constitucional duró del 24 de noviembre de 1846 al 30 de junio de 1848, en el periodo de guerra contra Estados Unidos, y expidió 97 disposiciones; entre ellas, declarar Gobernador a Melchor Ocampo; colectar donativos para auxiliar al ejército en San Luis; restablecer el pacto de alianza con los demás Estados de la Federación; adoptar para el Colegio de San Nicolás el reglamento del gobierno general de 1843; facultar al Gobierno para organizar la Guardia Nacional; imponer un subsidio de guerra; protestar contra cualquier Tratado de Paz que se celebre con Estados Unidos, mientras su ejército invasor permanezca en territorio nacional; legislar sobre grados de bachiller en Filosofía, Jurisprudencia y Medicina; prohibir el uso de la palmeta en las escuelas primarias; declarar libre la enseñanza; aclarar las atribuciones constitucionales del Supremo Tribunal y de los ayuntamientos para iniciar leyes; declarar que el Estado reasume su soberanía y que, dado el estado de guerra, en caso de que el Congreso tenga que cambiar de residencia, se reunirá en Uruapan, y admitir la renuncia de Melchor Ocampo y nombrar a Santos Degollado como Gobernador.

VIII Legislatura. La octava Legislatura Constitucional se reunió del 1° de julio de 1848 al 26 de diciembre de 1849 y expidió 56 disposiciones; entre ellas, aprobar la ley de procedimientos en los delitos de hurto y robo; no ceder la municipalidad de Coyuca para la formación del Estado de Guerrero; establecer una Penitenciaría; facultar al Gobierno para que impida los estragos del Cólera; ordenar que se ministren al Colegio de San Nicolás más de tres mil pesos; autorizar la práctica de los Pasantes Juristas en los Juzgados de Letras; ratificar el decreto del Congreso de la Unión que erigió el Estado de Guerrero, y aclarar el Plan de Estudios de 1843 en lo relativo a Pasantes de Medicina.

IX Legislatura. La novena Legislatura Constitucional funcionó del 5 de enero de 1850 al 26 de diciembre de 1851 y produjo 82 disposiciones; entre ellas, establecer lazaretos, juntas de caridad y otras para combatir los estragos de la epidemia del Cólera; aprobar la ley para perseguir la vagancia; suspender la enseñanza de Medicina y Cirugía; declarar vigentes las leyes hacendarias expedidas por el régimen central, salvo en lo que estén expresamente derogadas; autorizar al Gobierno que sea accionista en la compostura del camino de Morelia a Guanajuato y en la construcción de una calzada sobre el lago de Cuitzeo; exceptuar del pago de peaje a la diligencia que va de Morelia a Pátzcuaro, y aprobar la ley para repartir los terrenos de las comunidades indígenas.

X Legislatura. La décima Legislatura Constitucional sesionó del 1º de enero de 1852 al 24 de enero de 1853 y expidió 70 disposiciones; entre ellas, aprobar el Acta de Reformas a la Constitución del Estado; aprobar la ley sobre Parteras; ordenar que se imprima la Constitución reformada y la colección de leyes vigentes; mandar que la parte teórica del Derecho se estudie en cuatro años; establecer el procedimiento para interponer el recurso de indulto y aclarar qué se entiende por indulto y qué por conmutación; ordenar que se amplíen los términos legales para los delitos de sedición y conspiración; conceder facultades extraordinarias al Gobernador para hacer frente a la situación; advertir que los cabecillas serán acreedores a la pena capital; suspender las elecciones de ayuntamientos, y declarar acéfalo el Estado y que sólo el Poder Judicial continúe funcionando.

Segunda dictadura. En este periodo que corre del 28 de enero de 1853 al 15 de septiembre de 1854, el Gobierno provisional *de facto* dictó 19 disposiciones; entre ellas, prohibir las juntas sin permiso de la prefectura; formar cuerpos de las tres armas con el nombre de "auxiliares de Michoacán" y otro más con el de "rurales de Michoacán"; declarar vigentes las leyes de administración de justicia que no se opongan al Plan de Jalisco; mandar la entrega de las armas a la autoridad; indultar a los que se separen de las fuerzas de los sublevados, y prohibir la portación de armas sin licencia de la prefectura.

Régimen revolucionario. En esta etapa, que corre del 30 de agosto de 1855 al 30 de junio de 1857, el Gobierno *de facto* emanado del Plan de Ayutla produjo 54 disposiciones; entre ellas, declarar que Michoacán reasume su soberanía; expedir el Estatuto Orgánico del Estado; formar un Consejo de Gobierno; suprimir el Tribunal de 2ª instancia y el tribunal mercantil y restablecer el Supremo Tribunal y los juzgados de 1ª instancia; derogar impuestos y contribuciones ordenados por la Dictadura; restablecer la Guardia Nacional; restablecer el impuesto al oro y plata en pasta que salga del Estado; derogar prohibiciones a la Facultad Médica para examinar alumnos en Medicina, Cirugía y Farmacia; restablecer la ley sobre la vagancia; adoptar el código mercantil de 1854; restablecer la secundaria en el Colegio de San Nicolás de Hidalgo; dividir territorialmente el Estado en seis departamentos, veintitrés partidos y cincuenta y ocho municipalidades; declarar válidos únicamente los estudios de Jurisprudencia que se hagan en el Colegio de San Nicolás; autorizar que los títulos de Partera sean emitidos por la Facultad Médica, y reglamentar el juramento de la Constitución Federal de 5 de febrero de 1857.

13) Capítulo III. Michoacán en la Reforma, la Intervención y el Imperio

El capítulo III está formado por las disposiciones jurídicas que fueron producidas por el Congreso Constituyente de Michoacán de 1857-58; por instancias legislativas extraordinarias de 1858 a 1861; por dos Legislaturas Constitucionales de 1861 a 1863, y por instancias legislativas extraordinarias de 1863 a 1867, en el marco de la Constitución Política de los Estados Unidos Mexicanos de 1857, y en su oportunidad, de la Constitución Política del Estado de Michoacán de 1858.

Durante los diez años y medio, que corrieron del 1º de julio de 1857 al 24 de enero de 1867 -años sacudidos por las guerras de Reforma y de Intervención-, se produjeron 448 disposiciones jurídicas (más 8 no listadas por Coromina), de las cuales 220 (más 8) corresponden al Constituyente o al Poder Legislativo ordinario y 228 a instancias legislativas extraordinarias, distribuidas del siguiente modo: 47 expedidas por el Congreso Constituyente; 201 por diversas instancias durante la guerra de Reforma; 91 (más 8 no listadas por Coromina) por la décima primera Legislatura Constitucional; 82 por la décima segunda, y 27 durante la guerra de Intervención y el Imperio de Maximiliano.

Constituyente. Se instaló el 1º de julio de 1857, suspendió sus sesiones el 13 de marzo de 1858 y produjo 47 disposiciones; entre ellas, conceder facultades extraordinarias al Gobierno para perseguir y castigar a los ladrones, promover el pronto reparto de terrenos de las comunidades indígenas, nombrar y remover alcaldes e individuos de ayuntamientos, y cuidar de la conservación del orden público; determinar cuándo y en qué términos deben promoverse los recursos de súplica y nulidad así como las leyes que han de observarse en la administración de justicia; autorizar a los ayuntamientos a que extiendan concesiones sobre aguas que no sean de propiedad particular; protestar contra el Golpe de Estado de Comonfort; aceptar la coalición propuesta por Jalisco; imponer un préstamo forzoso al clero regular y secular, un préstamo de caballos, otro préstamo al comercio de Morelia, y anticipar por un año el pago de contribuciones; protestar contra todos los actos que emanen del Golpe de Estado; expedir la Constitución Política del Estado, precedida de un Manifiesto del Constituyente, y declarar a Michoacán en estado de sitio.

Estado de sitio. Esta situación extraordinaria duró del 15 de marzo de 1858 al 27 de abril de 1861, en estado de guerra civil. Se produjeron 202 disposiciones; entre ellas, sujetar las autoridades judiciales y los ayuntamientos a las comandancias militares; ordenar que sean castigados como ladrones aquellos que exijan sin facultades armas, caballos o dinero; establecer reglas para el remate de los bienes embargados a las corporaciones civiles o eclesiásticas y declarar que los no adjudicados quedan bajo la administración del Gobierno; declarar gratuita la enseñanza primaria y dividirla en superior e inferior; facultar a los tribunales del Estado para conocer asuntos que competen al Juzgado de Distrito; promulgar la ley del Hospital Civil y de la Escuela de Medicina; establecer becas de gracia en el Colegio de San Nicolás sostenidas por los ayuntamientos; ordenar que el Colegio de Zamora sea Colegio Menor de San Nicolás de Hidalgo; declarar a Michoacán en riguroso sitio, reasumiendo el Ejecutivo todo el poder; extinguir el Colegio Seminario de Morelia, transferir sus fondos al de San Nicolás e iniciar en éste la carrera eclesiástica; consignar varios capitales al Hospital Civil de Morelia; reglamentar las oficinas del Registro Civil; mandar que se construyan atarjeas para el desagüe de las calles de Morelia; aplicar los réditos de los capitales impuestos a los establecimientos de instrucción secundaria; establecer hospitales civiles en Pátzcuaro, Zamora, Puruándiro, Tacámbaro y La Piedad; ceder el antiguo Palacio de Gobierno al Ayuntamiento de Morelia, y aprobar la ley de Hacienda del Estado.

XI Legislatura. La décima primera Legislatura Constitucional funcionó del 1º de mayo de 1861 al 15 de septiembre de 1862, durante la cual se normalizó la situación, pero también se hicieron preparativos de guerra. Expidió 91 disposiciones (más 8 no listadas por Coromina); entre ellas, establecer que cesan los efectos de la ley que decretó el estado de sitio e invistió al Gobierno de facultades extraordinarias; declarar Benemérito del Estado al C. Melchor Ocampo y ordenar que Michoacán lleve su nombre; ordenar que el Tesorero del Estado sea nombrado por el Congreso; reglamentar la ley sobre tolerancia de cultos; conceder facultades extraordinarias al Ejecutivo en hacienda y guerra, mientras ésta dure contra el extranjero; expedir nueva ley sobre administración de justicia en lo civil y en lo criminal y nueva ley provisional de Hacienda; aprobar la ley sobre préstamo de un fusil a todos los habitantes del Estado, y suspender las elecciones municipales.

XII Legislatura. La décima segunda Legislatura

Constitucional duró del 18 de septiembre de 1862 al 28 de octubre de 1863, en condiciones de guerra contra la Intervención francesa y el Imperio de Maximiliano. Aprobó 82 disposiciones, entre ellas, promulgar la ley orgánica de la Hacienda Pública; declarar a Morelia en estado de sitio; otorgar facultades omnímodas al Ejecutivo, declararse en receso y dejar activa la Diputación Permanente; establecer penas contra los que promuevan o favorezcan a la rebelión; prohibir toda reunión de más de tres personas; establecer la pena capital a los ladrones; ordenar que el Poder Judicial, a pesar del estado de sitio, siga organizado conforme a la Constitución; organizar juntas que colecten donativos para los hospitales de sangre y otros gastos de guerra; ordenar que se reduzcan planta y sueldos de los empleados de la secretaría de Gobierno y de las oficinas de Hacienda; indultar a los desertores del Ejército o de la Guardia Nacional; imponer contribuciones extraordinarias; establecer siete cantones militares; ordenar el secuestro de bienes a los que directa o indirectamente sirvan a los invasores; destinar a gastos del Estado la mitad de los productos de fondos de instrucción primaria, y establecer una nueva división territorial del Estado.

Intervención e imperio. Esta etapa corrió del 11 de noviembre de 1863 al 24 de enero de 1867, en condiciones de guerra, durante la cual se produjeron 27 disposiciones jurídicas; entre ellas, ordenar lo procedente cuando el enemigo extranjero pise el territorio del Estado; declarar a Uruapan capital del Estado; protestar contra la invasión extranjera y definir a los que se reputan traidores; mandar que se reorganice la administración pública y que se disuelvan ayuntamientos, jefaturas políticas, tribunales superiores y demás autoridades civiles, con excepción de los alcaldes y de los jueces de 1ª instancia; señalar el lugar en el que han de funcionar los jueces de letras cuando la cabecera del distrito judicial sea ocupada por el invasor o sus aliados; ordenar la circulación forzosa de dinero de papel sellado, e imponer un subsidio extraordinario y un préstamo forzoso de armas blancas y de fuego.

14) Capítulo IV. República restaurada

El capítulo IV está formado por las disposiciones jurídicas que fueron producidas durante la etapa de transición de la guerra a la paz en 1867 y por cuatro Legislaturas Constitucionales de 1867 a 1875, en el marco de la Constitución Política de los Estados Unidos Mexicanos de 1857 y de la Constitución Política del Estado de Michoacán de Ocampo de 1858.

Durante esos ocho años y medio que corrieron del 18 de febrero de 1867 al 13 de septiembre de 1875, se produjeron 669 disposiciones jurídicas (más 16 no listadas por Coromina); 141 (más una) correspondientes al periodo de transición de la guerra a la paz; 201 (más 9) a la décima tercera Legislatura Constitucional; 126 (más una) a la décima cuarta; 157 (más tres) a la décima quinta, y 44 (más dos) a la décima sexta.

Transición a la paz. Del 18 de febrero al 20 de noviembre de 1867 se produjeron 141 disposiciones (más una no listada por Coromina); entre ellas, declarar que Morelia vuelve a ser capital del Estado; restablecer el Supremo Tribunal de Justicia y demás autoridades judiciales; poner en vigor la ley de división territorial de 1963; ordenar el pago de las contribu-ciones que se causaron durante la guerra; organizar la Tesorería del Estado y oficinas de rentas; reinstalar la Inspección General de Instrucción Pública; decla-rar vigente la ley sobre ladrones; restituir a los que en tiempos del Imperio fueron despojados de fincas de manos muertas; ordenar que se presenten a las co-mandancias militares los que hayan servido o acep-tado comisiones del Imperio, y restablecer los juzga-dos del Registro Civil.

XIII Legislatura. La décima tercera Legislatura Constitucional funcionó del 1º de noviembre de 1867 al 2 de octubre de 1869 y produjo 201 disposiciones jurídicas (más 9 no listadas por Coromina); entre ellas, declarar que el Estado queda constituido y que cesan los tribunales especiales y las comandancias militares; señalar que el Regente del Colegio de San Nicolás será nombrado por el Gobierno; legislar so-bre contribución predial y derecho de patente, así como sobre persecución y castigo a salteadores y plagiarios; dar nueva organización a la Tesorería del Estado; expedir la ley orgánica de división territorial y sobre gobierno económico-político; conceder pre-mios, honores y condecoraciones a los que defendie-ron la independencia nacional contra la intervención francesa; declarar Beneméritos del Estado a los CC. Benito Juárez y Vicente Riva Palacio; reconocer y amortizar la deuda pública del Estado; reglamentar la ley sobre división de hipotecas; ratificar el acuerdo del Congreso de la Unión para erigir el Estado de Hidalgo; autorizar al Ejecutivo para promover el re-parto de los terrenos de las comunidades indígenas; suprimir la Facultad Médica y sustituirla por una Junta de Salubridad; autorizar al Ejecutivo para establecer o suprimir cátedras en el Colegio de San Nicolás; designar el orden en que debe exigirse el estudio de idiomas extranjeros en el mismo Colegio; reglamentar las visitas del Gobernador a los pueblos del Estado; ordenar que se cambie el cauce del río Grande de Morelia, y encargar al Colegio de San Nicolás las honras fúnebres del señor Ocampo.

XIV Legislatura. La décima cuarta Legislatura Constitucional sesionó del 18 de septiembre de 1869 al 15 de septiembre de 1871 y produjo 126 disposiciones (más una no listada por Coromina); entre ellas, aumentar la fuerza de seguridad pública; legislar sobre registro de fierros; conceder facultades extraordinarias al Ejecutivo en Hacienda y Guerra; imponer un subsidio extraordinario para gastos de guerra; declarar obligatoria la instrucción primaria; reglamentar las oficinas telegráficas y las casas de empeño; establecer una cátedra de Topografía y Geodesia en el Colegio de San Nicolás así como un segundo curso de Teneduría de Libros; transferir la instrucción primaria a los ayuntamientos, dejar la secundaria al Ejecutivo, y adoptar para el Estado el Código Civil del Distrito Federal.

XV Legislatura. La décima quinta Legislatura Constitucional funcionó del 19 de septiembre de 1871 al 25 de agosto de 1873 y produjo 157 disposiciones jurídicas (más 3 no listadas por Coromina); entre ellas, autorizar al Ejecutivo para cubrir la deuda hasta el 15 de septiembre último; otorgar amplias facultades al Ejecutivo en Hacienda y Guerra; cambiar los años fiscales; ordenar que el Código Civil empiece a regir el 5 de febrero siguiente; imponer un subsidio de guerra y un préstamo de caballos; ordenar que el estudio de Higiene se haga en quinto año de Medicina; transferir los juzgados del registro civil a las presidencias municipales; autorizar el gasto de la cátedra de Patología y Clínica Externa y el sueldo del preparador de la cátedra de Anatomía; ordenar una nueva organización de la Contaduría General de Glosa; aumentar la partida para la amortización de la deuda pública; conceder exención de impuestos para que se establezcan varias empresas industriales, y autorizar al Ejecutivo para declarar obligatorio en el Estado el Código de Procedimientos Civiles del Distrito Federal.

XVI Legislatura. La décima sexta Legislatura Constitucional desempeñó sus actividades del 17 de septiembre de 1873 al 13 de septiembre de 1875 y produjo 44 disposiciones (más 2 no listadas en la obra de Coromina); entre ellas, reglamentar la protesta del Acta de Reformas de la Constitución Federal; conceder facultades extraordinarias al Ejecutivo en el ramo de Gobernación; establecer una cátedra de Zoología en el Colegio; facultar al Ejecutivo para reducir el número de ayuntamientos; otorgar privilegios, exención de impuestos o subvenciones a nuevas empresas; ordenar que se agregue el edificio de la alhóndiga a la cárcel de Morelia para establecer una escuela y talleres; establecer la Biblioteca Pública; otorgar facultades extraordinarias al Ejecutivo en Hacienda y Guerra; autorizar que se exima de todo cargo al causante o deudor que cubra su adeudo al tercer día de ser notificado; establecer la cátedra de Medicina Legal en el Colegio, y aprobar reformas constitucionales.

15) Capítulo V. De la XVII a la XXIV Legislatura

El capítulo V está formado por las disposiciones jurídicas que fueron producidas por ocho Legislaturas Constitucionales de 1875 a 1892, en el marco de la Constitución Política de los Estados Unidos Mexicanos de 1857 y de la Constitución Política del Estado de Michoacán de Ocampo de 1858.

Durante los diecisiete años que corrieron del 17 de septiembre de 1875 al 4 de septiembre de 1892, se produjeron 889 disposiciones jurídicas (más 20 no listadas por Coromina): 92 por la primera versión de la décima séptima Legislatura Constitucional (más 2 no listadas por Coromina); 232 por la segunda versión de esa misma Legislatura (más 18 no listadas por Coromina); 114 por la décima octava; 97 por la décima novena; 103 por la vigésima; 71 por la vigésima primera; 75 por la vigésima segunda; 31 por la vigésima tercera y 73 por la vigésima cuarta.

XVII Legislatura, primer ciclo. La primera fase de la décima séptima Legislatura Constitucional sesionó del 17 de septiembre de 1875 al 30 de noviembre de 1876, en el marco de la sucesión presidencial que se resolvió finalmente conforme al Plan de Tuxtepec expedido por el General Porfirio Díaz, y expidió 92 disposiciones (más 2 no listadas por Coromina); entre ellas, conceder facultades extraordinarias al Ejecutivo; ordenar que todos los funcionarios, empleados y jueces se mantengan en sus cargos, sin cambio alguno, y ordenar que la prefectura o el ayuntamiento certifique el cierre de las oficinas de rentas por causa de la revolución.

XVII Legislatura, segundo ciclo. La segunda fase de la décima séptima Legislatura Constitucional funcionó del 18 de diciembre de 1876 al 11 de septiembre de 1879 y produjo 232 disposiciones (más 18 no listadas por Coromina); entre ellas, autorizar los convenios para una nueva organización del Estado; reconocer al Lic. José María Iglesias como Presidente de la República; publicar el acta de adhesión al Plan de Tuxtepec; ordenar que las bandas armadas que merodean en el Estado se sometan al Gobierno; dar por terminadas las facultades discrecionales para reorganizar administrativa y políticamente al Estado; declarar Beneméritos del Estado a los CC. Generales Porfirio Díaz y Manuel González; declarar que las comunidades indígenas no tienen carácter legal; instruir a los prefectos para que recojan los títulos de propiedad de indígenas; reglamentar la adjudicación de terrenos de comunidades; excitar a los ayuntamientos a que obtengan donativos para amortizar la deuda con Estados Unidos; autorizar al Ejecutivo para que contrate la construcción de un ferrocarril de Morelia a Celaya; permitir una línea de ferrocarril urbano de Jacona a Zamora; facultar al Ejecutivo para contratar el establecimiento de un ferrocarril que atravesando el territorio de Michoacán termine en el litoral del Pacífico; mandar que se establezca una exposición de productos naturales e industriales del Estado; facultar al Ejecutivo para que nombre el tesorero general y al contador de la tesorería, a condición de ser ratificados por la Legislatura; autorizar al Ejecutivo para que solicite un préstamo; suprimir y restablecer la Contaduría de Glosa, y ordenar que las cátedras de Medicina sean servidas por profesores diversos de los del Hospital Civil.

XVIII Legislatura. La décima octava Legislatura Constitucional sesionó del 16 de septiembre de 1879 al 13 de septiembre de 1881 y produjo 114 disposiciones; entre ellas, permitir que el General Manuel González que no tome posesión del Gobierno y sirva empleos de la Federación; autorizar que el ferrocarril de Jacona a Zamora se prolongue hasta La Piedad; modificar el Reglamento interior del Congreso; restablecer el decreto de 1868 sobre ladrones, salteadores y plagiarios; declarar ciudadano michoacano al General Porfirio Díaz; autorizar que se subrogue la concesión del Estado para construir un ferrocarril de Pátzcuaro al Pacífico; no aprobar un contrato del Ejecutivo sobre un bien inmueble, y facultarlo para gestionar la concesión de un ferrocarril de Morelia a algún punto del Pacífico.

XIX Legislatura. La décima novena Legislatura Constitucional funcionó del 17 de septiembre de 1881 al 31 de agosto de 1883 y produjo 97 disposiciones jurídicas; entre ellas, prohibir que se depositen los cadáveres en cajas metálicas y no permitir la exhumación de cadáveres antes de ocho años; autorizar al Ejecutivo para adquirir la antigua Casa Municipal y destinarla a Palacio de Justicia, para establecer sucursales o agencias de los Bancos de México y para que contrate el establecimiento de ferrocarriles urbanos en varios puntos del Estado.

XX Legislatura. La vigésima Legislatura Constitucional duró del 16 de septiembre de 1883 al 12 de septiembre de 1885 y produjo 103 disposiciones; entre ellas, establecer el Registro Público de la Propiedad; derogar el impuesto de plata y oro acuñado que se extraigan del Estado; ordenar que se cambie el curso del río de Tuxpan; ordenar que se erija una estatua a la memoria de don José María Morelos y Pavón; declarar que las disposiciones de la Ley de Hacienda son claras y terminantes y no admiten interpretación; ordenar que se establezca una cátedra de Derecho Mercantil y Minero, así como los cursos de Cálculo Infinitesimal, Geometría Descriptiva, Álgebra Superior, Hidromensura y Topografía en el Colegio de San Nicolás, y establecer una Escuela de Artes y Correccional.

XXI Legislatura. La vigésima primera Legislatura Constitucional operó del 30 de septiembre de 1885 al 20 de agosto de 1877 y produjo 71 disposiciones jurídicas; entre ellas, autorizar al Ejecutivo a aceptar el contrato de traspaso de las líneas telegráficas; autorizar dos ayudantes de la persona del Gobernador; reglamentar el estudio de las Clínicas así como el servicio de las líneas telegráficas; aprobar la ley de ingresos municipales; aprobar las bases para la construcción de una vía férrea que una a Tacámbaro, Ario, Taretan y Uruapan con Pátzcuaro; declarar día de fiesta el 30 de septiembre de cada año en memoria del natalicio del señor José María Morelos y Pavón; aprobar el contrato para establecer el servicio de navegación en el Lago de Pátzcuaro, y aprobar bases para el abono de la deuda pública.

XXII Legislatura. La vigésima segunda Legislatura Constitucional llevó a cabo sus actividades del 26 de septiembre de 1887 al 26 de agosto de 1889 y produjo 75 disposiciones; entre ellas, aprobar reformas a la Constitución del Estado; aprobar los gastos erogados en las oficinas y líneas telegráficas traspasadas al Estado; autorizar el establecimiento del alumbrado eléctrico en Morelia, y autorizar el contrato para establecer una sucursal del Banco de Londres en Morelia.

XXIII Legislatura. La vigésima tercera Legislatura Constitucional funcionó del 21 de septiembre de 1889 al 1º de septiembre de 1890 y produjo 31 disposiciones; entre ellas, aprobar la reforma constitucional para permitir la reelección del Gobernador, y autorizar al Ejecutivo para prorrogar el contrato sobre el traspaso de las líneas telegráficas.

XXIV Legislatura. La vigésima cuarta Legislatura Constitucional sesionó del 27 de septiembre de 1890 al 4 de septiembre de 1892 y produjo 73 disposiciones; entre ellas, elaborar reglas para el mejor despacho y formación de archivo de las oficinas públicas; aprobar el reglamento de las líneas telefónicas del Estado; establecer el Archivo General y Público del Estado; autorizar al Ejecutivo para que expida los Códigos Civil, Penal y de Procedimientos Civiles y Criminales; autorizar franquicias para las nuevas industrias que se planteen en el Estado y exenciones a las fincas urbanas que se reconstruyan o se reedifiquen, y declarar obligatoria la vacunación en el Estado.

16) Capítulo VI. De la XXV a la XXVIII Legislatura

El capítulo VI está formado por las disposiciones jurídicas que fueron producidas por cuatro Legislaturas Constitucionales de 1882 a 1900, en el marco de la Constitución Política de los Estados Unidos Mexicanos de 1857 y de la Constitución Política del Estado de Michoacán de Ocampo de 1858.

Durante los ocho años justos que corrieron del 22 de septiembre de 1892 al 14 de septiembre de 1900, se produjeron 475 disposiciones jurídicas: 138 por la vigésima quinta Legislatura Constitucional; 114 por la vigésima sexta; 128 por la vigésima séptima y 95 por la vigésima octava.

XXV Legislatura. La vigésima quinta Legislatura Constitucional funcionó del 22 de septiembre de 1892 y produjo 138 disposiciones; entre ellas, dar instrucciones para el arreglo de los pueblos, su nomenclatura y alineamiento de calles; facultar al Ejecutivo para que se dé el carácter de correccional a la Escuela de Artes y Oficios; ordenar que los Médicos de Morelia den noticia del número de tifosos que tienen bajo su cuidado y de las condiciones higiénicas de la habitación del enfermo; aprobar la ley de Ganadería y su reglamento respectivo; avisar el cese del traspaso de las líneas telegráficas que la Federación había hecho al Estado; recomendar al Regente del Colegio de San Nicolás de Hidalgo que los exámenes de alumnos se practiquen con la debida severidad; reglamentar la portación de armas; prohibir la colecta de donativos y la erogación de gastos en las visitas del Gobernador; reformar la Constitución en lo relativo al periodo de funciones del titular del Gobierno, y aprobar el contrato para la prolongación de tranvías de Morelia hasta el nuevo Panteón Municipal.

XXVI Legislatura. La vigésima sexta Legislatura Constitucional realizó sus labores del 16 de septiembre de 1894 al 12 de septiembre de 1896 y produjo 114 disposiciones; entre ellas, aprobar reformas a la Constitución del Estado; facultar al Ejecutivo para que secunde la acción del Gobierno Nacional en caso de que se interrumpan las relaciones entre México y Guatemala; facultar al Ejecutivo para que expida el Código Sanitario; dar instrucciones para la mejor observancia de la ley general que suspendió algunas garantías individuales contra los salteadores de caminos, especialmente de las vías férreas; determinar que se forme la historia de cada edificio público; establecer la Escuela Médica en el Hospital Civil de Morelia; impedir la elaboración de vino mezcal en utensilios de cobre sin estañar; autorizar al Ejecutivo para que conceda una subvención a un particular para que construya un ferrocarril de Pátzcuaro al Pacífico; autorizar la libre introducción de efectos nacionales y extranjeros a las plazas y centros de comercio del Estado; autorizar la exención de impuestos a las dos personas que instalaron el alumbrado público de luz incandescente en Uruapan; dar instrucciones para la enseñanza del sistema métrico decimal; aprobar el contrato sobre colonización en el Estado; aprobar un nueva ley de impuestos para sustituir las abolidas alcabalas; determinar que aun cuando los productos de las corridas de toros y peleas de gallos se destinen a gastos de escuelas, las cuotas que se fijen por licencias para esas diversiones se cubran en las Oficinas de Rentas; permitir el uso de metros del comercio, mientras los Ayuntamientos obtienen los que marca el reglamento de la ley de Pesas y Medidas, y determinar el método que ha de emplearse para verificación de las medidas para líquidos de capacidad de veinte litros o mayores.

XXVIII Legislatura. La vigésima séptima Legislatura Constitucional funcionó del 1° de octubre de 1896 al 12 de septiembre de 1898 y produjo 128 disposiciones; entre ellas, evitar que los comerciantes ambulantes eludan el pago de impuestos; autorizar al Ejecutivo para dar subvenciones al Ferrocarril Nacional Mexicano y a la persona física o moral que tienda la línea férrea que, partiendo de La Piedad, pase a Zamora, toque Uruapan y Taretan, y llegue a Ario, así como para la que prolongue el tramo Pátzcuaro-Uruapan; aprobar el reglamento del Colegio de San Nicolás de Hidalgo; dar instrucciones para prevenir los casos de viruela negra; aprobar el reglamento para administrar la vacuna; conceder exención de impuestos a la empresa que introduzca y abastezca de agua potable a Zamora así como a la que establezca el servicio eléctrico en esta ciudad; aprobar el reglamento de la Escuela Médica; darse por enterado de la circular de la Secretaría de Gobernación que recomienda estricta neutralidad con motivo de la ruptura de hostilidades entre Estados Unidos y España; autorizar al Ejecutivo para que expida el Código Fiscal y para que consolide la deuda pública del Estado, y aprobar el contrato para establecer haciendas de concentración y beneficio de minerales en Michoacán.

XXVIII Legislatura. La vigésima octava Legislatura Constitucional realizó sus actividades del 22 de septiembre de 1898 al 14 de septiembre de 1900 y produjo 95 disposiciones; entre ellas, pedir a los Municipios que den aviso oportuno de las epidemias y enfermedades contagiosas que aparezcan; autorizar al Ejecutivo para expedir la ley orgánica de los Tribunales; autorizar al Ejecutivo que contrate el establecimiento de casas empacadoras en el Estado; aprobar el contrato para la explotación del mineral en Inguarán; recomendar la aplicación de la ley sobre vacunación y su reglamento en esta época, en que la viruela ha invadido algunas poblaciones, y la no aglomeración de personas, entre tanto desaparece la epidemia de influenza; dar reglas para el mejor cumplimiento del Código Penal en lo relativo a mendicidad; reformar y adicionar la Constitución del Estado; autorizar al Ejecutivo contratos y subvenciones con motivo del tendido de la vía férrea de Yurécuaro a Ario y de un ramal a Jiquilpan; aprobar la ley de imprenta; aprobar el contrato para la construcción y explotación de tranvías en Uruapan, y dar instrucciones para el mejor cumplimiento de la ley sobre conservación de bosques y arbolados.

17) Capítulo VII. De la XXIX a la XXXIII Legislatura

El capítulo VII está formado por las disposiciones jurídicas que fueron producidas por cuatro Legislaturas Constitucionales de 1900 a 1910, en el marco de la Constitución Política de los Estados Unidos Mexicanos de 1957 y de la Constitución Política del Estado de Michoacán de Ocampo de 1858.

Durante los diez años que corrieron del 29 de septiembre de 1900 al 27 de agosto de 1910, se produjeron 496 disposiciones jurídicas: 118 por la vigésima novena Legislatura Constitucional; 55 por la trigésima; 105 por la trigésima primera; 110 por la trigésima segunda, y 108 por la trigésima tercera.

XXIX Legislatura. La vigésima novena Legislatura Constitucional ejerció sus trabajos del 29 de septiembre de 1900 al 30 de agosto de 1902 y produjo 118 disposiciones; entre ellas, reformar la Constitución del Estado; facultar al Ejecutivo para modificar la ley orgánica de los Tribunales; aprobar el contrato para instalar una red telefónica en Morelia; aprobar la ley de instrucción preparatoria y profesional así como la ley del Ministerio Público; determinar que ingresen a las oficinas de rentas las multas que imponen los presidentes municipales y que acostumbran llamar "donativos"; facultar al Ejecutivo para que expida leyes de división territorial y de gobierno económico-político; conceder exención de impuestos durante quince años por el establecimiento de un taller para trabajos galvanoplásticos y electroquímicos; aprobar el reglamento de droguerías, boticas y establecimientos análogos; aprobar el contrato para que el ramal del ferrocarril de Yurécuaro termine en Los Reyes; conceder exención de impuestos prediales a toda casa que se construya o se reedifique en Santa María de los Altos; determinar que se admitan en el Estado las licencias de armas de Jalisco; aprobar la ley de expropiación por causa de utilidad pública; conceder franquicias a las fincas urbanas que se construyan o se reedifiquen desde sus cimientos así como a los establecimientos fabriles e industriales que se planteen nuevamente en el Estado; autorizar los gastos del Ejecutivo para la formación de la carta geográfica del Estado; aprobar los contratos para la construcción de líneas de tranvías, del templo de la Compañía a Santa María de los Altos, y de Pátzcuaro a Uruapan, pasando por Tingambato, así como para la desecación de terrenos en las haciendas de Chamuco y Casablanca, distrito de Maravatío, y aprobar la ley sobre reparto de bienes de comunidades indígenas.

XXX Legislatura. La trigésima Legislatura Constitucional funcionó del 22 de septiembre de 1902 al 10 de agosto de 1904 y produjo 55 disposiciones; entre ellas, aprobar reformas a la Constitución del Estado;

dar instrucciones para conservar la higiene y salubridad públicas a fin de combatir la invasión de la peste bubónica; aprobar el contrato para establecer una hacienda de concentración de minerales en San Antonio, distrito de Ario; conceder exención de impuestos a la empresa que instale la luz eléctrica en Zitácuaro; aprobar la concesión para construir el ferrocarril Ario, Tacámbaro, Morelia, Puruándiro, a un punto del río Lerma, limítrofe con Guanajuato, así como el de Qurio-Las Cruces, pasando por Indaparapeo; facultar al Ejecutivo para contratar la depuración de aguas de Morelia, y transcribir la advertencia de la Secretaría de Relaciones a los trabajadores enganchados, por los perjuicios y dificultades a los que se exponen, por falta de cumplimiento de los enganchadores.

XXXI Legislatura. La trigésima primera Legislatura Constitucional funcionó del 30 de septiembre de 1904 al 5 de septiembre de 1906 y produjo 105 disposiciones; entre ellas, reformar la Constitución del Estado; facultar al Ejecutivo para reformar diversas leyes y códigos; aprobar la ley sobre instituciones de beneficencia privada; aprobar el contrato para el establecimiento de una fábrica de jabón, glicerina y sosa cáustica; facultar al Ejecutivo para contratar la enajenación de la planta de alumbrado público de Morelia; aprobar el contrato para instalar maquinaria productora de fuerza motriz hidroeléctrica en las márgenes del río Cupatitzio, distrito de Uruapan; aprobar el contrato para establecer un ferrocarril urbano en La Piedad de Cabadas; establecer en Morelia la Sociedad Michoacana de Geografía y Estadística; establecer un periodo de vacaciones para empleados y funcionarios públicos; consentir que el predio adquirido por la Federación para construir un cuartel, quede bajo la jurisdicción de las leyes federales; aprobar el contrato para la construcción de un ferrocarril movido por electricidad, que una a Zamora con Tangancícuaro, pasando por Jacona; aprobar la instalación de una línea transmisora de energía eléctrica de El Oro, Estado de México, a Tlalpujahua, y de una vía férrea que una a dichas poblaciones y termine en Angangueo; facultar al Ejecutivo para contratar la entubación y distribución de las aguas potables y la pavimentación de las calles de la ciudad de Morelia, y aprobar un contrato para la construcción de un ferrocarril que atraviese el Estado por los distritos de Uruapan, Apatzingán y Coalcomán.

XXXII Legislatura. La trigésima segunda Legislatura Constitucional desempeñó su cometido del 24 de septiembre de 1906 al 26 de agosto de 1908 y produjo 110 disposiciones jurídicas; entre ellas, reformar la Constitución del Estado; dar su conformidad a una concesión federal para establecer un ferrocarril entre Quirio y Las Cruces; aprobar que el Ejecutivo contrate el establecimiento de una fábrica de aguarrás en las inmediaciones de Acuitzio; conceder al Ejecutivo la prórroga de sus facultades extraordinarias por uno o dos años en diversas materias; aprobar el contrato del Ejecutivo con el Banco de Michoacán; aprobar la concesión especial por las obras de desecación de la ciénaga de Zacapu; aprobar el contrato para la construcción del ferrocarril que partiendo de Tingüindín, pase por Uruapan, Ario y Tacámbaro, para concluir en Zitácuaro; aprobar el contrato para establecer en Uruapan curtidurías en gran escala e industrias que produzcan extractos curtientes y artefactos de cuero, y aprobar el contrato para aprovechar como fuerza motriz las aguas del río Angulo, distrito de Puruándiro.

XXXIII Legislatura. La trigésima tercera Legislatura Constitucional desempeñó su cometido del 16 de septiembre de 1908 al 27 de agosto de 1910 y produjo 108 disposiciones jurídicas; entre ellas, eximir de impuestos por diez años a varias fábricas; aprobar el contrato para la construcción de un ferrocarril de vía ancha entre Zamora y Uruapan y otro de vía angosta entre Cherán y Zitácuaro, tocando Ajuno, Ario y Tacámbaro; autorizar al Ejecutivo para que contrate el establecimiento en Morelia de una lotería de beneficencia; aprobar el reglamento de instalaciones eléctricas de alumbrado y fuerza motriz, y aprobar el contrato para la construcción de un ferrocarril de tracción de vapor o eléctrica que, atravesando Uruapan y Apatzingán, toque Inguarán, y continúe rumbo a La Unión, en el Estado de Guerrero, hasta Zihuatanejo, en el Océano Pacífico.

18) Capítulo VIII. Del régimen constitucional al revolucionario

El capítulo VIII está formado por las disposiciones jurídicas que fueron producidas por dos Legislaturas Constitucionales de 1910 a 1914, así como por otros órganos legislativos *de facto*, en el marco de la Constitución Política de los Estados Unidos Mexicanos de 1957 y de la Constitución Política del Estado de Michoacán de Ocampo de 1858, así como de la suspensión de su vigencia a partir del 22 de febrero de 1913, en que se asesinó al Presidente de la República Francisco I. Madero y al Vicepresidente José María Pino Suárez; día en que, por consiguiente, fue roto el orden constitucional.

Durante los cinco años y casi tres meses que corrieron del 16 de octubre de 1910 al 31 de diciembre de 1915 se produjeron 652 disposiciones jurídicas: 127 por la trigésima cuarta Legislatura Constitucional; 235 por la trigésima quinta, y 290 por otros órganos con atribuciones legislativas *de facto*.

XXXIV Legislatura. La trigésima cuarta Legislatura Constitucional ejerció sus actividades del 16 de octubre de 1910 al 6 de septiembre de 1912 y produjo 127 disposiciones; entre ellas, aprobar el contrato para surtir de aguas potables a la villa de Sahuayo; establecer las facultades y obligaciones de los Ayuntamientos; suprimir las Subprefecturas; admitir la licencia y después la renuncia del Gobernador, con motivo de la renuncia del Presidente de la República, y nombrar varios interinos; recomendar que se evite que los jornaleros michoacanos emprendan viaje a los Estados Unidos en busca de trabajo; determinar que los exámenes finales en los establecimientos oficiales se verifiquen del 10 al 15 de diciembre; aplicar a los Ayuntamientos un porcentaje de los ingresos totales que por todos los ramos perciban las oficinas recaudadoras del Estado; aprobar la construcción de un ferrocarril de Los Reyes a Tancítaro; facultar al Ejecutivo para que arriende o cierre temporalmente los talleres de la Escuela Industrial Militar; aprobar el contrato celebrado para la construcción del ferrocarril que termine en la margen derecha del río Balsas; admitir las renuncias de varios titulares provisionales del Gobierno del Estado, y aprobar la construcción y explotación de una línea de tranvías en la villa de Zacapu.

XXXV Legislatura. La trigésima quinta Legislatura Constitucional funcionó del 18 de septiembre de 1912 al 23 de julio de 1914, habiéndole correspondido experimentar -cinco meses después de instalada- los asesinatos del Presidente Madero y del Vicepresidente Pino Suárez, es decir, habiéndole correspondido experimentar la ruptura del orden constitucional, sin formular protesta alguna, sino al contrario, apuntalando el espurio sistema político recién establecido; produjo 235 disposiciones jurídicas; entre ellas, aprobar varias veces la solicitud de licencia, y luego, la renuncia del Gobernador; nombras varios gobernadores interinos; reglamentar el uso de las líneas telegráficas; establecer un subsidio extraordinario para subvenir a los gastos de la "pacificación"; ordenar que en todas las casas que tengan mercedes de agua se instale por lo menos un excusado inglés; facultar al Ejecutivo a que expida la ley del catastro; reformar la Constitución del Estado; prohibir los juegos de azar en las ferias; autorizar al Ejecutivo a que contrate un empréstito no mayor de un millón de pesos; admitir la rendición de rebeldes; crear el Departamento del Trabajo; determinar que las armas entregadas por los rebeldes sean mandadas al Gobierno del Estado; aprobar la construcción de un ferrocarril de Morelia a Tacámbaro; activar el envío de contingente de sangre correspondiente a Michoacán; ordenar que se remita telegráficamente al jefe de armas de Morelia las noticias vinculadas con la presencia y movimientos de rebeldes; restringir y precisar el uso que debe hacerse de las líneas telefónicas; establecer el trabajo de las oficinas públicas en horas corridas de las ocho a.m. a la una p. m.; ordenar que en los lugares donde no haya oficinas de correos, se haga llegar la correspondencia a través de las autoridades políticas y municipales; condicionar la entrega de armas y parque a los agricultores e industriales en contra de los rebeldes; imponer a los hacendados la obligación de contribuir a la pacificación con gente armada; permitir que las casas comerciales vendan armas y parque a los hacendados para acabar con el bandidaje; ordenar que se investigue quien hace circular los periódicos "La Révolution du Mexique", "El Demócrata", "El Clarín del Pacífico", "La Prensa" y "El Correo del Bravo", editados en el extranjero; notificar a los agricultores que el Gobierno del Canadá permite la importación de la naranja; ordenar que se investigue quienes son los circuladores de los periódicos subversivos "El Regional" y "El Liberal"; ordenar que se exija a los productores de puchote manden muestras catalogadas y detalladas para abrir el mercado de Génova, Italia; excitar a los productores de plátano y piña a obtener mercado en Estocolmo, Suecia; declarar la caducidad de los contratos para dar servicio de alumbrado a varias poblaciones del Estado; declarar válidos los estudios de la Escuela Libre de Derecho, de la ciudad de México, y autorizar que los presos que estén extinguiendo condenas puedan ser destinados a los servicios públicos, especialmente al ejército, con abono de 10% del tiempo.

19) Capítulo VIII. Legislaturas XXXIV y XXXV. El régimen revolucionario.

Del 30 de julio de 1914 al 8 de julio de 1917, diversos órganos con atribuciones legislativas *de facto*, produjeron 290 disposiciones jurídicas.

El 26 de marzo de 1913, el General Gertrudis G. Sánchez declara que se hace cargo del Gobierno del

Estado, de acuerdo con base 7ª del Plan de Guadalupe, Estado de Coahuila, asumiendo también el Poder Legislativo; deroga leyes de 1913 que autorizaron y prorrogaron préstamos forzosos; concede diez días a la gente armada que opera en el Estado para que se presente en la Jefatura de las Armas, a fin de que sea reconocida; declara válidos los actos del Supremo Tribunal de Justicia, pero nombra nuevos magistrados; nombra nuevos regidores del Ayuntamiento de Morelia; da a conocer las condiciones para la disolución del Ejército Federal; da a conocer que el Presidente de los Estados Unidos procederá a evacuar las tropas norteamericanas de Veracruz; ordena a los militares y a los prefectos no exigir dinero a los recaudadores de rentas; ordena que cese la requisición de caballos; declara extinguidos los adeudos que por cualquier motivo tengan los peones del campo con los dueños de fincas rústicas; da a conocer que el Gobierno de la República mantendrá el estado de neutralidad con motivo de la Guerra Europea; no permite la extracción de cereales y ganado, en previsión de que falten en el Estado, por falta de lluvia; decreta la circulación forzosa de los billetes expedidos en Chihuahua en diciembre de 1913, por el Gobernador Provisional de aquel Estado, General Francisco Villa; autoriza la emisión de bonos por cinco, diez y veinte centavos, hasta por 300 mil pesos; aumenta el valor catastral de las fincas rústicas y urbanas, y de los bienes inmuebles; ordena que los hospitales civiles queden bajo régimen militar; decreta la emisión de billetes por cinco millones de pesos, respaldados con bienes del Estado y con el producto de las fincas intervenidas; declara obligatoria la revisión de todos los títulos de propiedad de las fincas rústicas y urbanas del Estado, y declara por circunstancias anómalas de la entidad, la capital se traslada a Tacámbaro.

El 3 de marzo de 1915, el General José I. Prieto asume el gobierno, la jefatura de operaciones y las facultades legislativas del Estado, por nombramiento del General Francisco Villa, Jefe del Cuerpo de Ejército del Norte; declara que el Estado no reconoce la emisión de billetes decretada por el General Gertrudis Sánchez, y suprime las prefecturas del Estado.

El 26 de abril de 1915, el General Alberto Elizondo se encarga del Gobierno del Estado por orden del General Álvaro Obregón; desconoce el Poder Judicial del Estado y nombra jueces militares; anula la venta de tierras, aguas y montes de pueblos, rancherías y congregaciones de comunidades hechas por Gobernadores, Jefes Políticos y otras autoridades, contra lo dispuesto ley de 25 de junio de 1856; señala las condiciones para ser admitido como alumno en el Colegio de San Nicolás; declara que no se autorizan las ventas de bienes raíces a los extranjeros; establece la Comisión Local Agraria, en cumplimiento del decreto expedido por Venustiano Carranza, encargado del Poder Ejecutivo Federal; crea una Comisión de Reclamaciones que conozca las quejas sobre usurpación de las tierras, montes y aguas; establece la Escuela Superior de Comercio y Administración; deroga parcialmente el contrato que hizo concesiones al Banco Nacional; expide el reglamento de la Casa del Estudiante, "institución de beneficencia de la clase estudiantil"; ordena que los comerciantes publiquen listas de sus mercancías con sus respectivos precios; reconoce la personalidad de la Escuela Libre de Ingenieros de Michoacán; funda el Museo Michoacano; clausura la Escuela de Artes y Oficios; obliga a los dueños de fincas rústicas a fundar "escuelas rudimentarias"; clausura las Escuelas de Jurisprudencia y Medicina; advierte a productores y comerciantes que si no ponen a la venta sus mercancías a precios racionales, les será decomisada la mercancía; establece el Departamento de Trabajo y expide su reglamento interior; decreta el Plan de Estudios para el Colegio Primitivo y Nacional de San Nicolás de Hidalgo, la Ley sobre Gobierno Municipal, la Ley de Ingresos Municipales, la Ley de Impuesto a la Producción Minera, la Ley de Ingresos del Estado para el 49° año fiscal, la Ley de Egresos respectiva; ordena que las escuelas de instrucción primaria dependan "de una manera directa" de los Municipios del Estado; prohíbe toda clase de juegos de azar; restablece la Escuela Médica; establece la Academia de las Bellas Artes; reorganiza el Poder Judicial del Estado; decreta la pena de muerte a los trastornadores del orden público; ordena la división del Estado en diecisiete distritos electorales para la elección de diputados al Congreso Constituyente; prohíbe las corridas de toros por disposición del Primer Jefe del Ejército Constitucionalista Venustiano Carranza; dispone que al cobrarse los tributos municipales en oro, se aplique el tipo de cambio de 22.22 por uno; establece una Escuela Industrial para Señoritas, y hace saber que se ha promulgado en Querétaro la Constitución Política de los Estados Unidos Mexicanos, que reforma la de 5 de febrero de 1857.

El 25 de febrero de 1917 el General Elizondo hace entrega del Gobierno al General José Rentería Luviano, que establece el Consejo Superior de Instrucción Pública; convoca a elecciones de los Poderes Legislativo, Ejecutivo y Judicial del Estado, y hace saber que el sueldo mínimo de obreros, empleados y jornaleros será de un peso diario.

20) Conclusión y agradecimiento

Si el concepto de *documento*, en la cultura de la imagen, ha traído consigo el de *indizar*, y los propósitos de una *indización* son los de trasmitir una *imagen intelectual* de dicho documento, así como dejar sentadas las bases para rescatar su contenido, es posible llegar a la conclusión de que el **Index** documental alcanzó su destino, como lo revela la descripción de este primer tomo, en su parte cronológica.

La *imagen intelectual* del **Index**, diseñada con la multitud de datos aislados, pero cronológicamente organizados; es decir, la imagen de la producción legislativa de Michoacán -de 1824 a 1917-, además de ser una expresión local de la historia nacional y, al mismo tiempo, una expresión nacional de la historia local, configurada con cada una de las disposiciones jurídicas expedidas en ese periodo de tiempo, es una base de datos fácilmente accesible para el investigador, con el fin práctico de que rescate de varios modos la materia de lo indexado.

El segundo tomo del *Índex* cronológico describe las disposiciones jurídicas de 1917 a 2010, y los dos tomos del *Índex* temático permiten a los lectores de cada disposición jurídica descubrir su respaldo en todas las que le antecedieron.

Al felicitar a los investigadores de esta obra su valioso y entusiasta apoyo para hacer posible esta labor, confío en que haya condiciones en lo futuro para llevar a cabo el proyecto de investigación relacionado con las Constituciones Políticas del Estado de Michoacán de Ocampo, desde los debates de la Diputación Provincial de Valladolid de 1822 y los de de los Congresos Constituyentes de 1824-25, 1857-58 y 1917-18, los textos constitucionales originalmente aprobados así como el listado de reformas, adiciones y supresiones que ha sufrido cada Ley Fundamental a lo largo de los años, hasta 2010, y el proyecto relacionado con las Leyes Orgánicas de la Universidad Michoacana de San Nicolás de Hidalgo, incluyendo los debates legislativos que las precedieron así como los estatutos y reglamentos derivados de las mismas, desde 1917 hasta 2017, para celebrar el centenario de la Constitución Política del Estado de Michoacán de Ocampo, en el primer caso, y el centenario de la fundación de la Universidad Michoacana de San Nicolás de Hidalgo, en el segundo.

Morelia, Michoacán, 3 de marzo de 2011.

FUENTES DOCUMENTALES

1. HEMEROGRAFÍA

BIBLIOTECA DEL CONGRESO, ARCHIVO DEL CONGRESO DEL ESTADO DE MICHOACÁN DE OCAMPO, ARCHIVO GENERAL E HISTÓRICO DEL PODER EJECUTIVO Y HEMEROTECA UNIVERSITARIA

El Astro moreliano, Periódico Político a cargo del Ciudadano José Miguel de Oñate, Morelia, Imprenta del Estado, abril 1829-marzo 1830.

El Michoacano Libre, Periódico político y literario a cargo de Joaquín Tejeda, Imprenta en el Colegio Clerical, Morelia, 21 enero 1830-31 enero 1831.

El Michoacano Libre, dirigido por Antonio Quintana, Imprenta del Michoacano Libre, Morelia 3 febrero 1831-2 febrero 1832.

El Filógrafo, editor Juan Evaristo de Oñate, Morelia, 1838.

La Voz de Michoacán, Periódico Político y literario, Imprenta de Ignacio Arango, Morelia, 1842, 1843, 1° julio 1844-2 octubre 1845.

El Pueblo, Periódico Semi-oficial del Estado de Michoacán, Responsable Justo Mendoza, Morelia, Imprenta de Octaviano Ortiz , 11 mayo 1857-1° enero 1859.

La Bandera Roja, Periódico Semi-oficial del Estado

de Michoacán, Responsables Gabino Ortiz y Simón García, Morelia 1858, 1859-1860.

La Bandera Roja, Periódico Semi-oficial del Estado de Michoacán, Responsables Carlos G. Urueña y Francisco García, Morelia 1861-1862.

La Bandera Roja, Periódico Oficial del Estado de Michoacán, Responsable Francisco García, Morelia abril 1861-1862-febrero 1863.

Boletín Oficial del Gobierno el Estado de Michoacán de Ocampo, Morelia, 20 febrero 1862-28 noviembre 1863.

La Restauración, Periódico Oficial del Gobierno del Estado de Michoacán de Ocampo, Responsable Juan Pérez, Redactores G. Pérez Jardón y Eduardo Ruíz, Imprenta de Octaviano Ortiz, Morelia, 26 febrero-30 diciembre 1867.

El Constitucionalista, Periódico Semi-Oficial del Gobierno del Estado de Michoacán, del número 1, viernes 3 enero 1868, al número 132, jueves 12 de noviembre de 1868.

El Constitucionalista, Periódico Oficial del Gobierno del Estado de Michoacán, Responsable Juan Pérez, reemplazado en 1869 por Antonio Espinoza, editor Octaviano Ortiz, del número 133, lunes 16 de noviembre de 1868, al número 350, lunes 26 de diciembre de 1870.

El Progresista, Periódico Oficial del Gobierno del Estado de Michoacán de Ocampo, del número 1, de 2 de enero 1871, al número 562, de 23 de noviembre de 1876.

Boletín Oficial del Gobierno del Estado de Michoacán de Ocampo, número 1, viernes 8 de diciembre de 1876-número 4, martes 18 diciembre 1876.

El Regenerador, Periódico Oficial del Gobierno del Estado libre y soberano de Michoacán de Ocampo, número 1, sábado 30 de diciembre de 1876-número 53, martes 3 de julio de 1877.

La Paz, Periódico Oficial del Gobierno del Estado libre y soberano de Michoacán de Ocampo, número 1, domingo 8 de julio de 1877-número 130, viernes 7 de noviembre de 1878.

Periódico Oficial del Gobierno del Estado de Michoacán de Ocampo, del número 2, domingo 10 noviembre 1878-número 104, 28 diciembre 1913.

Periódico Oficial del Gobierno del Estado de Michoacán de Ocampo, número 56, domingo 15 julio 1917-número 104, domingo 30 diciembre 1917.

Periódico Oficial del Gobierno del Estado de Michoacán de Ocampo, número 1, jueves 3 enero 1918-número 101, jueves 29 septiembre 1921.

Periódico Oficial del Gobierno del Estado de Michoacán de Ocampo, número 1, domingo 14 septiembre 1922-número 36, domingo 30 diciembre 1923.

Periódico Oficial del Gobierno Constitucional del Estado de Michoacán de Ocampo, número 37, tomo XLVI, jueves 3 enero 1924-número 85, Tomo CXLVIII, 13 abril 2010.

2. BIBLIOGRAFÍA QUE REPRODUCE FUENTES PRIMARIAS

Actas de la diputación provincial de Michoacán 1822-1823, introducción y notas de Xavier Tavera Alfaro, México, Congreso de Michoacán, 1976.

Actas y decretos del Congreso Constituyente del Estado de Michoacán 1824-1825, introducción y notas de Xavier Tavera Alfaro, Universidad Michoacana de San Nicolás de Hidalgo, 1975, 2 vs.

Actas y decretos del Congreso Constituyente del Estado de Michoacán 1857-1858, introducción y notas de Xavier Tavera Alfaro, Congreso del Estado de Michoacán de Ocampo, 1975.

Actas del Congreso Constituyente del Estado de Michoacán de Ocampo (1917-1918), introducción y notas de Xavier Tavera Alfaro, Morelia, H. Congreso del Estado, 1977.

Colección de leyes expedidas por el décimo quinto Congreso constitucional del Estado de Michoacán de Ocampo. Morelia, Imprenta de O. Ortiz, plazuela de Villalongín número 2, 1871.

Colección de leyes y reglamentos en materia de instrucción pública vigentes en el estado de Michoacán: año de 1915.

Colección de Documentos para la historia de la guerra de independencia de México de 1808 a 1821, J. E. Hernández y Dávalos, México, José María Sandoval, impresor, 1877 Hay una reproducción en facsímil por el Instituto Nacional de la Revolución Mexicana, 1985.

Compendio de reformas y leyes aprobadas por el Congreso del Estado de Michoacán de Ocampo, LXIX Legislatura del Estado de Michoacán, Morelia, s/f.

Compilación de la legislación electoral michoacana 1824-1996, investigador responsable Arlette Marín García, con una introducción de Adolfo Mejía González, Tribunal Electoral del Estado de Michoacán, 1997.

Compilaciones de leyes, decretos y circulares que se han expedido en el estado de Michoacán formada y anotada en las oficinas del Archivo General y Publico, 1908.

Constitución Política del Estado Libre y Soberano de Michoacán de Ocampo expedida por su Congreso constituyente en 21 de enero de 1858, y reformada por los XII, XVI, XXII. XXIII, XXV y XXVIII Congresos Constitucionales, Morelia, Imprenta de J. M. Jurado, 1899.

Decretos del Congreso Constituyente del Estado de Michoacán, desde su instalación en 6 de abril de 1824 hasta el 21 de julio de 1825 en que cesó. Se imprimen de orden del Honorable Congreso, Morelia, Imprenta de Galván a cargo de Mariano Arévalo, 1828.

Decretos del primer Congreso Constitucional del Estado de Michoacán, desde el 13 de agosto de 1825, hasta el 3 de agosto de 1827. Se imprimen de orden del Honorable Congreso, Méjico, Imprenta de Galván a cargo de Mariano Arévalo, calle de Cadena núm. 2, 1828.

Decretos del Segundo Congreso Constitucional del Estado de Michoacán. Se imprimen por disposición de la Comisión de Policía de la Cuarta Legislatura Constitucional, cumpliendo con lo dispuesto por el Decreto de 17 de Septiembre de 1827, Méjico, Imprenta de Galván a cargo de Mariano Arévalo, Calle de Cadena No. 2, 1831

Decretos del tercer Congreso Constitucional del Estado de Michoacán, expedidos del 18 de agosto de 1829 hasta el 3 de agosto de 1831. Se imprimen por disposición del Honorable Congreso, Méjico, Imprenta de Galván a cargo de Mariano Arévalo, Calle de Cadena No. 2, 1832.

Decretos del cuarto Congreso Constitucional del Estado de Michoacán, desde 19 de agosto de 1831, hasta 3 de enero de 1833. Se imprimen por disposición de la Sexta Legislatura, en cumplimiento de lo dispuesto por Decreto de 17 de septiembre de 1827, Morelia, Imprenta del Ciudadano Juan Evaristo de Oñate, calle de San Agustín núm. 8, 1835.

Impresos michoacanos, Morelia, Biblioteca del H. Congreso del Estado de Michoacán. Se trata de una colección formada por 146 tomos, formada por documentos jurídicos, políticos e incluso literarios, durante el periodo que corre de 1828 a 1966, muchos de ellos mecanuscritos. Se han localizado en esta colección 129 obras jurídicas en diversas materias.

Legislación mexicana, o colección completa de las disposiciones legislativas expedidas desde la independencia de la República, ordenada por los licenciados Manuel Dublán y José María Lozano, México, Impr. del Comercio, a cargo de Dublán y Lozano, hijos, 1876.

Legislación Electoral Mexicana 1812-1988, Recopilación y prólogo de Antonio García Orozco, México, publicación del Diario Oficial, Secretaría de Gobernación, 1973. (México, Reforma Política, 1978; México, Adeo-Editores S.A., 1989).

Leyes de 15 de diciembre de 1891 y 30 de noviembre de 1889, sobre administración de justicia en lo criminal y libertad bajo caución, Morelia, Imprenta del Gobierno de la Escuela de Artes, 1892.

Leyes, Reglamentos y Circulares expedidas desde 23 de junio de 1859 hasta mayo de 1861, y a cuyas disposiciones deben sujetarse los jueces del Registro Civil del Estado de Michoacán, Tipografía de Octaviano Ortiz, Plazuela de las Ánimas, número 2, Morelia, Michoacán, 1861.

Memoria en que el C. General Epitacio Huerta dio cuenta al Congreso del Estado del uso que hizo de las facultades con que estuvo investido durante su administración dictatorial, que comenzó el 15 de febrero de 1858 y terminó el 1° de mayo de 1861, Imprenta de Ignacio Arango, Morelia1861

Memoria leída ante la Legislatura de Michoacán en la sesión del día 30 de julio de 1868 por el Secretario del Gobierno del Estado Lic. Francisco M. González, Morelia, Imprenta de O. Ortiz, 1869.

Michoacán y sus Constituciones, nota preliminar de Felipe Tena Ramírez, Morelia, Gobierno de Michoacán, 1968.

Recopilación de leyes, decretos, reglamentos y circulares expedidas en el Estado de Michoacán, formada y anotada por Amador Coromina, Morelia, Michoacán, Imprenta de los hijos de I. Arango, 1886.

Recopilación de leyes, reglamentos, acuerdos administrativos 2002-2006, Morelia, Gobierno del Estado de Michoacán, 2006.

3. BIBLIOGRAFÍA GENERAL

AGUILAR CORTÉS, Marco Antonio, et al, *Michoacán, Constitución Política comentada*, Morelia, Congreso del Estado de Michoacán, LXIV LEGISLATURA, 1989.

ALVARADO PLANAS, Javier, et al, *La supervivencia del derecho español en Hispanoamérica durante la época independiente*, México, UNAM, Instituto de Investigaciones Jurídicas, 1998.

ARRIAGA RIVERA, Agustín, *Michoacán y su aportación a la historiografía jurídica nacional 1962-1968*, Morelia, Michoacán, 1968.

BENSON, Nettie Lee, *La diputación provincial y el federalismo mexicano*, El Colegio de México/Universidad Nacional Autónoma de México, 1955.

_____ *México y las Cortes españolas, 1810-1822 ocho ensayos*. México, Serie Estudios parlamentarios, 4, Instituto de Investigaciones Legislativas, 85.

CASTAÑEDA, Manuel, *Colección de las Disposiciones de Interés público que, relativas a la Ley del Timbre, promulgada en 28 de marzo de 1876, que se han publicado hasta el mes de diciembre de 1878,* Imprenta del Gobierno en Palacio, Morelia, 1879.

CRUZ BARNEY, Óscar, *Historia del derecho en México,* México, colección textos jurídicos universitarios, Oxford University Press, 2007.

FERRER MUÑOZ, Manuel, *La Constitución de Cádiz y su aplicación en la Nueva España (Pugna entre antiguo y nuevo régimen en el virreinato 1810-1821),* México, UNAM, Instituto de Investigaciones Jurídicas, 1993.

_____ *La formación de un estado nacional en México (El imperio y la república federal 1821-1835),* México, UNAM, Instituto de Investigaciones Jurídicas, 1995.

GARCÍA, Genaro, *La revolución de Ayutla según el archivo del general Doblado,* México, Librería de la viuda de C. H. Bouret, 1909.

_____ *El general Paredes y Arrillaga, la revolución de Ayutla, don Santos Degollado, los gobiernos de Álvarez y Comonfort, la situación política, militar y económica en la República Mexicana al iniciarse su guerra con los Estados Unidos,* México, Porrúa, 1974.

HERRERA PEÑA, José, "Las Constituciones Políticas de Michoacán en el siglo XIX" en Olivos Campos, José René y Díaz Pedraza, Noé (coordinadores). *Estudios de Derecho Constitucional y Amparo.* Morelia, Universidad Michoacana de San Nicolás de Hidalgo, Facultad de Derecho y Ciencias Sociales, 2007.

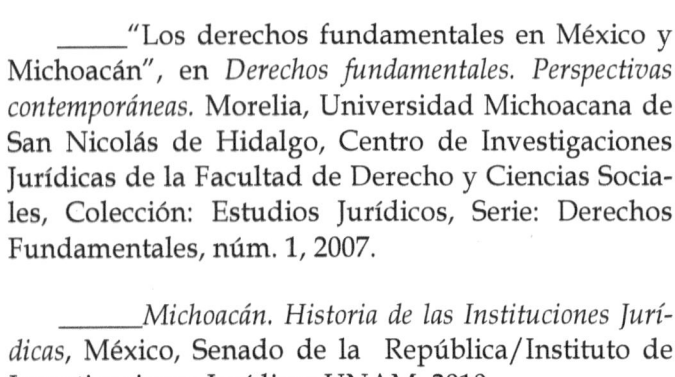

_____ "Los derechos fundamentales en México y Michoacán", en *Derechos fundamentales. Perspectivas contemporáneas*. Morelia, Universidad Michoacana de San Nicolás de Hidalgo, Centro de Investigaciones Jurídicas de la Facultad de Derecho y Ciencias Sociales, Colección: Estudios Jurídicos, Serie: Derechos Fundamentales, núm. 1, 2007.

_____ *Michoacán. Historia de las Instituciones Jurídicas*, México, Senado de la República/Instituto de Investigaciones Jurídicas UNAM, 2010.

_____ "Estudio preliminar", en Mercado, Antonio Florentino, *Libro de los Códigos*, Morelia, edición facsimilar, Congreso del Estado de Michoacán de Ocampo, 2010.

HERRERA SÁNCHEZ, Raymundo, *La actividad legislativa en Michoacán (Leyes y decretos comentados de 1968 a 1974)*, Morelia, Michoacán, Linotipográfica Omega, 1978.

MERCADO, Antonio Florentino, *Libro de los Códigos*, México, Imprenta de Vicente G. Torres, calle de S. Juan de Letrán núm. 3, 1857. Edición facsimilar, Congreso del Estado de Michoacán de Ocampo/Centro de Investigaciones Jurídicas UMANH, en prensa.

OIKIÓN SOLANO, Verónica. *El Constitucionalismo en Michoacán. El periodo de los Gobiernos Militares, 1914-1917*, México, Tesis de Licenciatura, Universidad Nacional Autónoma de México, Facultad de Filosofía y Letras, 1985.

OJEDA DÁVILA, Lorena. *El centralismo en Michoacán 1833- 1846*, México, Cámara de Diputados del Congreso de la Unión, Talleres Gráficos, s/e. (¿2009?)

PALLARES, Jacinto, *Curso completo de Derecho mexicano, exposición filosófica, histórica y doctrinal*, 2 v., México, 1901.

_____ *Historia del Derecho Mexicano*, México, 1904.

TENA RAMÍREZ, Felipe, *Leyes Fundamentales de México, 1808-2005*, México, Editorial Porrúa, 2005.

EL AUTOR

JOSÉ HERRERA PEÑA es Licenciado en Derecho por la Universidad Michoacana de San Nicolás de Hidalgo; Doctor en Ciencias Históricas por la Universidad de La Habana, y ha escrito varios libros, entre ellos:

1. *Decreto Constitucional para la libertad de la América Mexicana*, Apatzingán, 22 de octubre de 1814, Estudio Preliminar, Secretaría de Gobernación del Poder Ejecutivo Federal/Diario Oficial de la Federación/Archivo General de la Nación-Congreso del Michoacán de Ocampo, México, 2014.

2. *Migración y Poder*. Hacia la Reforma, Gobierno de Michoacán, Secretaría del Migrante, 2012. (2ª edición)

_____ Exilio y Poder. Rumbo a la Reforma, Centro de Investigaciones Jurídicas, Facultad de Derecho y Ciencias Sociales, UMSNH, 2009. (1ª edición)

3. *Michoacán. Historia de las instituciones jurídicas*, Senado de la República-UNAM/Instituto de Investigaciones Jurídicas, México, 2010.

4. *Libro de los Códigos*. Prenociones sintéticas de codificación romana, canónica, española y mexicana, Estudio Preliminar, Congreso de Michoacán de Ocampo, 2010.

5. *Una nación, un pueblo, un hombre*. Miguel Hidalgo y Costilla, Edición Conmemorativa del Bicentenario de la Independencia, ICADEP-PRI, Morelia, Michoacán, 2010. (2ª edición)

_____ *Miguel Hidalgo y Costilla. Una nación, un pueblo, un hombre*, Ministerio de Cultura, Cuba, Editorial de Ciencias Sociales, La Habana, Cuba, 2009. (1ª edición)

6. *Morelos, Polémica sobre un caso célebre*: dos interpretaciones de la misma historia, Ecatepec de Morelos, 2015. (2ª edición)

_____ *Morelos, Polémica sobre un caso célebre*: dos interpretaciones de la misma historia, Coordinación de los Centenarios, Congreso del Estado de Michoacán: Casa Natal de Morelos-Frente de Afirmación Hispanista, Morelia, 2009. (1ª edición)

7. *Soberanía, independencia y representación nacional*, Senado de la República-Congreso de Michoacán de Ocampo-Gobierno del Distrito Federal/Secretaría de Cultura, México, 2009.

8. *La Biblioteca de un Reformador*, Edición Conmemorativa 1814-2014, Bicentenario del Natalicio de Melchor Ocampo, ICADEP-PRI, Michoacán, 2014. (2ª edición)

_____ *La Biblioteca de un Reformador*, Universidad Michoacana de San Nicolás de Hidalgo, 2006.

9. *Hidalgo a través de sus escritos*, Estudio Preliminar, Cuerpo Documental y Bibliografía, Universidad Michoacana de San Nicolás de Hidalgo, 2003.

10. *Maestro y discípulo*, Universidad Michoacana de San Nicolás de Hidalgo, 1996. (2ª edición).

_____ *Maestro y discípulo*, Universidad Michoacana de San Nicolás de Hidalgo, 1995 (1ª edición)

11. *Morelos ante sus jueces*, UNAM/Facultad de Derecho-Editorial Porrúa, México, 1987.